특별 성탄절
행사자료집 1

나하나 엮음

도서출판 은혜

머리글

하늘 왕자님이 오셨습니다.
이 땅에 왕으로 오셨습니다.
하늘도 기뻐하고 땅도 기뻐합니다.
하늘에는 영과 땅에는 평화
온 세상이 기뻐합니다.
그 옛날 이천년전 유대 땅에
예수님이 오신 것이 아니라
현재 지금 여기에
예수님이 오셨습니다.
그 옛날 예수님이 가실곳이 없어서
마굿간에 계셨지만
우리는 지금 현재 예수님을
외면하고 있습니다.
예수님 계실 방 한칸을 제공 못하는
예수 믿는 우리들입니다.
다시 생각해 봅니다.
지금 아니 오늘 오실 예수님을
어떻게 모실까
1992년 크리스마스를 맞으며
다시 한 번 나를 돌아봅니다.

성탄절을 맞으며
나하나가 꾸며봅니다.

꾸민 순서

성탄 아침에
1. 성탄 낭송시 ··· 7
   오 작은 베들레헴아 / 큰 기쁨의 좋은 소식 / 외치는 자의 소리
   하나님의 약속들
2. 성탄 성구 ··· 11
3. 성탄 축하의 유래 ··· 13
4. 성탄절의 의의 ·· 16
5. 세계의 크리스마스 풍속도 ·· 20
6. 성탄절 특별 프로그램(Ⅰ), (Ⅱ), (Ⅲ) ····························· 27
7. 성탄 예배 프로그램
   성탄 예배 순서(Ⅰ) ··· 38
   성탄 예배 순서(Ⅱ) ··· 42
   성탄 예배 순서(Ⅲ) ··· 46
8. 성탄 행사 프로그램 ·· 51
9. 성탄 재롱잔치(Ⅰ), (Ⅱ) ·· 54
10. 성탄 손유희 ·· 62
11. 성탄절 그림 색칠하기 ·· 70
12. 성탄 수화 및 성탄 노래 수화
    1. 크리스마스 노래(노래 수화) ····································· 77
    2. 기쁘다 구주 오셨네(노래 수화) ································ 79
    3. 큰 기쁨의 좋은 소식(수화) ······································· 82
    4. 구주가 나셨으니(수화) ··· 84
13. 짧은 콩트
    1. 방 있어요 ·· 86
    2. 천국에 가고 싶은 사람? ··· 87
    3. 일기 예보 ·· 86
    4. 착한 아이에게 ··· 89
14. 잠깐! 퀴즈 시리즈(기다리는 사이에) ··························· 90
15. 성탄절 창작놀이(Ⅰ) ·· 91
    ⊙ 새로운 카드 만드는 법 ·· 97
    성탄절 창작 놀이(Ⅱ) - 색종이 접기 ···························· 98
16. 성탄 장식 ··· 104
17. 성탄극 시리즈
    1. 놀부전 ·· 111
    2. 구주의 별 ··· 116

꾸민 순서

   3. 나는 왕이로소이다 ····· 129
18. 성탄절 오페레타 ····· 136
19. 성탄 동화 모음 ····· 154
   1. 하늘의 영광, 땅의 평화 ····· 154
   2. 동방박사 ····· 157
20. 성탄절 성극 자료 모음
   1. 소중한 선물 ····· 160
   2. 첫번째 성탄절 ····· 165
   3. 세상의 빛(촛불연극) ····· 170
21. 성탄 설교 시리즈
   1. 예수님은 왜 마굿간에서 태어 나셨을까 ····· 173
   2. 한솔이네 가족이 기다린 성탄절 ····· 175
   3. 예수님을 만난 동방박사들이 한 일 ····· 177
   4. 불평하며 ····· 179
   5. 사랑을 주는 성탄절(초등부) ····· 181
   6. 평화의 왕 예수님(유년부) ····· 183
   7. 예수님! 생일 축하해요(유치부) ····· 185
   8. 큰 기쁨의 좋은 소식 ····· 187
   9. 울어버린 성극 ····· 189
22. 성탄무용 ····· 191
   탄일종 / 기쁘다 구주 오셨네 / 축하합니다 / 창밖을 보라
   리본 체조 / 오! 크리스마스 트리 / 장식하세 / 산 위에 올라가서
   세상에 오신 예수님 / 큰 별 / 별 하나 반짝이며 / 눈송이에 적힌 글씨
   개구장이 성탄 / 루돌프 사슴코 / 징글벨 / 주님의 선물
   촛불 무용(Ⅰ), (Ⅱ) ····· 236
   1. 저 들 밖에 한 밤 중에 ····· 236
   2. 그 맑고 환한 밤 중에 ····· 239
23. 성탄절 레크리에이션 ····· 242
24. 성탄 기도문(Ⅰ), (Ⅱ) ····· 246
25. 성탄 인사말 ····· 248
26. 함께 나누고 싶은 선물 ····· 249
27. 성탄노래 ····· 250
   북치는 소년 / 몇 밤 남았나 / 우리들의 크리스마스
   예수님처럼 살래요 / 하얀 눈 / 가라 / 애들아 모두 모여라
판권 / 256

성탄 아침에

주님의 선한 뜻 이루게 하소서.
혹시나 하면서 의심을 하거나 글쎄요 하면서 주저하지 말며
어쩐지 하면서 체념을 하거나 할일을 미루다 후회하지 말고
주시면 한다고 속이지 않으며 뜻이라 하면서
멈추지 마소서. 주님을 빙자해 욕심을 살리거나 영광을 앞세워
가로채지 마소서.

    평안의 근거는 포기하는 것이다.
    신앙심이 깊은 한 아이가 어머니께서 주신 반지를 가지고 있었다. 그는 그것을 매우 소중히 여겼다. 그러나 어느날 불행하게도 그 반지를 잃어 버려서 슬피 울고 있었다. 그러다가 다시 평정을 찾고는 기도를 드렸다. 누나가 비웃듯이 그에게 말하였다. "얘, 반지에 대해 기도하면 무슨 소용이 있니? 반지가 돌아 오기라도 하니?" "아니"하고 그는 말했다. "그러나 기도하면 내게 일어나 이런일이 하나님의 뜻이라면 반지가 없어도 아무렇지도 않아. 그것이 없어도 갖고 있을 때와 똑같이 잘 지낼 수가 있거든."
    이와같이 믿음은 아기가 엄마의 품 속에서 잠잠한 것처럼 포기시킴으로서 우리를 가라앉힌다. 믿음은 우리가 한 때 귀중히 여기던 행운이 없이도 잘 지낼수 있게 한다. 마음이 외적인 축복 없이도 만족할 때, 그것은 바로 우리가 누릴 수 있는 가장 진정한 행복이다.
    거기에 쉼이 있다.

-도날드 디머데이-

1. 성탄 낭송시

오 작은 베들레헴아

오 작은 유대 땅 베들레헴아
너는 결코 유대의 땅에서 가장 작은 고을이 아니니라
내 백성 이스라엘의 목자가 될
영도자가 너에게서 나리라
동방의 유향 몰약을 가지고
올 것이며
요셉과 마리아가 함께 하며
소식을 알리는 커다란 별이
베들레헴 공중에 나타나리라
깨어라
베들레헴아
세계가 너를 향하여 기억할 것이며
세세토록 너와 함께 호흡하리라
오 작은 베들레헴아
너는 결코 유대의 땅에서 가장 작은 고을이 아니니라

큰 기쁨의 좋은 소식

마리아여 무서워 말라 네가 하나님께 은혜를 얻었느니라.
보라 네가 수태하여 아들을 낳으리니 그 이름을 예수라하라. 저가 큰 자가 되고 지극히 높으신 이의 아들이라 일컬을 것이요.
주 하나님께서 그 조상 다윗의 위를 저에게 주시리니 영원히 야곱의 집에 왕 노릇 하실 것이며 그 나라가 무궁하리라.
내 영혼이 주를 찬양하며 내 마음이 하나님 내 구주를 기뻐하였음은 능하신 이가 큰 일을 내게 행하셨으리니 그 이름이 거룩하시며 우리를 위하여 구원의 뿔을 그 종 다윗의 집에 일으키셨으니 이것은 주께서 예로부터 거룩한 선지자의 입으로 말씀하신 바와 같이 우리 원수에게서와 우리를 미워하는 모든 자의 손에서 구원하시는 구원이라.
지극히 높은 곳에서는 하나님께 영광이요. 땅에서는 기뻐하심을 입은 사람들 중에 평화로다.
무서워 말라 보라 내가 온 백성에게 미칠 큰 기쁨의 좋은 소식을 너희에게 전하노라 오늘날 다윗의 동네에 너희를 위하여 구주가 나셨으니 지극히 높은 곳에서는 하나님께 영광이요. 땅에서는 기뻐하심을 입은 사람들 중에 평화로다.
평화로다.

외치는 자의 소리

광야에서 외치는 이의 소리가
있었습니다.
너희는 주의 길을 닦고
그의 길을 고르게 하여라
모든 골짜기는 메워지고
높은 산과 작은 언덕은 눕혀져
굽은 길이 곧아지며
험한 길이 고르게 되는 날
모든 사람이 하나님의 구원을 보리라
그 구원은 이방인들에게 주의 길을 밝히는 빛이 되고
주의 백성 이스라엘에게는 영광이 됩니다.

하나님의 약속을

송명희

하나님의 약속을 기다리는 모든 사람
하나님의 말씀을 믿는 모든 사람
늙은 사람 젊은 사람
괴로운 사람 죄 많은 사람
즐거이 웃는 사람 외로이 눈물 짓는 사람
저 이방사람 이스라엘 사람
하나님의 소망을 바라는 모든 사람에게
위로와 기쁨을 주셨네
그 아들을 모든 사람에게
구주로 주셨네
보라 하나님의 의로우신 선물을
그 뜨거운 사랑은 모든 사람들의 마음에
기쁨과 위로의 환한 빛이 되었어라.
하나님의 약속을 기다리는 모든 사람
하나님의 소망을 바라는 모든 사람은
보라 하나님의 외아들을

2. 성탄성구

마 1 : 23
동정녀가 잉태하여 아들을 낳으리니
그 이름을 임마누엘이라 하리라.

임마누엘 : 하나님께서 우리와 함께 계시다

눅 1 : 30~33
두려워 말라 네가 하나님께 은혜를 얻었느니라
보라 네가 수태하여 아들을 낳으리니 그 이름을 예수라 하라
저가 큰 자가 되고 지극히 높으신 이의 아들이라
일컬을 것이요 주 하나님께서 그 조상 다윗의 위를
저에게 주시리니
영원히 야곱의 집에 왕노릇 하실 것이며 그 나라가 무궁하리라

눅 2 : 10~12
무서워 말라 보라 내가 온 백성에게 미칠 큰 기쁨의
좋은 소식을 너희에게 전하노라
오늘날 다윗의 동네에 너희를 위하여 구주가 나셨으니
곧 그리스도 주시니라
너희가 가서 강보에 싸여 구유에 누인 아기를 보리니
이것이 너희에게 표적이니라

눅 2 : 14
지극히 높은 곳에서는 하나님께 영광이요 땅에서는
기뻐하심을 입은 사람들 중에 평화로다

요 3 : 16
하나님이 세상을 이처럼 사랑하사 독생자를 주셨으니
이는 저를 믿는 자마다 멸망치 않고 영생을 얻게 하려 하심이라

마 2 : 11
집에 들어가 아기와 그 모친 마리아의
함께 있는 것을 보고 엎드려 아기께
경배하고 보배합을 열어
황금과 유향과 몰약을 예물로 드리니라

마 2 : 6
또 유대땅 베들레헴아
너는 유대 고을 중에 가장 작지 아니하도다
내게서
한 다스리는 자가 나와서 내 백성
이스라엘의 목자가 되리라

마 1 : 21
아들을 낳으리니 이름을 예수라 하라
이는 그가 자기 백성을 저희 죄에서
구원할자이심이라 하니라

3. 성탄축하의 유래

☐ 성탄절
성탄절의 날짜에 대해 여러 가지의 설이 있으나 가장 확실한 것은 로마에서 지키던 동짓 날(12월 25일)을 기독교적으로 전용해서 채택했다는 주장으로 당시 이교도들은 동지절을 12월 24일부터 1월 6일까지 지켰는데 실제로 카이사 아우렐리안이 12월 2일을 태양제의 날로서 지정한 일이 있었고 로마의 주교는 이 날을 그리스도가 정 복했다는 의미에서 탄생일로 채택, 교회에서 12월 25일을 성탄일로 지킨 것은 주후 4세기 후반 부터 였다. 성탄절의 기원은 로마교회에 있다. 또한 성탄절은 교회력의 기원이 되었고 전 세계에서 통용하는 서력 기원이 되고 있다.

☐ 성탄 트리(상록수)
성탄 트리는 애굽의 동지 때「죽음을 극복한 생명」이란 뜻으로 나뭇가지를 꺾어 장식하는 관습이 있었는데 로마에서 사두리누스 축제에 상록수의 작은 가지로 장식, 상록수는 불사의 상징이다. 전나무가 트리로 세워진 것은 옛날 독일의 한 가난한 가정에서 어머니가 자식에게 선물을 사주지 못해 밤새 손수 선물을 만들고 종이로 인형, 색종이 별, 종, 종이집 등을 만들어 전나무에 걸쳐 놓았는데 마침 거미가 나무에 잔뜩 거미줄을 쳐서 아침 햇살에 거미줄이 금실, 은실을 두른 것처럼 보여 하나님의 은총으로 아기 천사가 금실, 은실을 뿌리고 갔다고 애들에게 들려 주었다. 이 어머니의 사랑이 독일 전역으로 퍼져 오늘날 성탄절 날 트리를 장식한다.

☐ 산타크로스
터키의 성 니콜라스 주교는 이웃을 찾아 다니며 불우한 사람을 많이 도와 주었는데 한 번은 집안이 가난하여 시집을 못 가게 되어 울고 있는 세 자매의 집을 방문하게 되었다. 여자가 지참금이 없으면 시집을 못 갔다. 그래서 니콜라스는 몰래 금을 선물하였다. 젖은 양말이 있어 그 곳에 금을 가득 담아 주었다. 결과 자매는 결혼을 했고 이 소문이 온 동네에 퍼지고 그후 니콜라스주교가 죽자 사람들은 산타(성)니콜라스라고 불러 오늘의 산타크로스가 된 것이며 해마다 성탄절이 오면 양말에 선물을 담아 주는 풍습이 생겼다.

□ 성탄 노래

1635년 루터의 다섯 아이들은 성탄 전날 밤에 성탄목을 장식하고 루터는 나무로 만든 구유를 성탄목에 달았는데 아이들이 아버지에게 성탄 노래를 지어 달라고 졸라 루터가 "그 어린 주 예수…"를 지어 함께 불렀다.

"고요한 밤"역시 요셉 모르가 묵상 도중에 성탄 전날 밤에 지은 것이다.

□ 성탄 카드

빨간 옷과 털모자를 쓰고 사슴이 끄는 썰매에 많은 선물을 싣고 달리는 산타할아버지 그림의 성탄 카드는 1863년 미국의 남북 전쟁 때 만화가인 토마스 내스트리라가 그린 그림으로 산타할아버지가 수고하는 군인들의 부대를 찾아 다니며 예물을 주는 모양의 만화였는데 이것이 점차 널리 퍼져서 오늘의 크리스마스 카드가 된 것이며 그곳에 쓰여진 글귀는 어느 청소년 인쇄공이 밤낮 없이 일을 하다가 가족이나 친구에게 편지 한 장을 띄우지 못해 그 인사를 짧게 인쇄하기 시작해 수십장의 카드를 인쇄하고 자기 이름만 써서 부쳤던 것이다.

□ 성탄 촛불

오스트리아의 시골에 가난한 구두장이가 가난했지만 남을 돕기 위해 자기집 창가에 촛불을 켜서 여행자들을 위한 숙소임을 알렸다. 이 촛불은 그 지방에 전쟁, 재난, 기근이 있을 때도 꺼지지 않았다. 그러다 보니 값비싼 초를 밤마다 켜느라 어려움을 겪게 되었고 이 사실을 안 마을 사람들이 그를 도우려고 집집마다 촛불을 켜 놓게 되었다. 그런데 그 밤이 바로 성탄절 이브였고 전쟁이 그 다음 날 끝났다. 이 소식이 기쁨이 되어 그 후부터 성탄절 이브를 기념으로 촛불을 밝혔다.

□ **성탄 씰**

덴마크에서 어린이 병원을 짓는데 기금이 모자라던 중 편지봉투에 우표와 우표를 산 거스름돈 액수 만큼의 종이 조각을 붙이게 하여 그 돈으로 병원을 짓는데 보태게 되었는데 이 편지가 미국으로 와서 결핵 퇴치를 위한 기금의 마련으로 성탄 씰을 만들어 판매케 되었던 것이다. 성탄 카드에 붙인 이 씰은 미국에서 유럽으로 오늘날 전세계 적십자 사업으로 번지게 되었다.

4. 성탄절의 의의

우리는 왠지 모르게 눈! 하면 크리스마스 곧 성탄절을 생각하게 되고 혹 어디선가 징글벨 소리가 들려오지 않나 하고 귀를 기울이게 된다.

올해도 어김없이 찾아오고 있는 성탄절!

과연 우리는 어떻게 맞이 해야 하고 어떻게 보내야 할 것인가를 생각하지 않을 수 없고 또 성탄이 주는 의미를 바로 알기 위해서라도 그 전해오는 맥과 의의를 살펴 볼 필요가 있다.

1) 성탄절의 유래

성탄절이란? 알기쉽게 말해서 예수 그리스도의 탄생 기념일이라 할 수 있는데 보통 크리스마스(Christmas)라고 불리워지고 있다.

현재 우리 개신교나 로마 천주교는 매해 12월 25일을 성탄절로 지키고 있으나, 동방정교나 알미니안 교회는 1월 6일로 정해 지키고 있다.

성경에는 예수 그리스도의 탄생에 대한 여러 기록이 수록되어 있지만 몇 년 몇 월 몇 일이라는 탄생 년 월 일에 대한 정확한 기록은 찾아 볼 수가 없다. 초대 교회에서는 오히려 예수 그리스도의 탄생보다는 죽으심과 부활 그리고 재림에 대하여 더욱 많은 관심을 가지고 있었음을 볼 수 있다. 우리 민족 역시도 생존시에는 생일을 귀히 여기지만 세상을 일단 떠나면 떠난 날을 기억하여 추모하면서 지켜오고 있음을 알 수가 있다.

그러면 성탄절이 실제로 언제부터 교회에서 시작되어 행하여 졌을까?

여러 문헌을 살펴보면 2세기 말엽 알렉산드리아 클레멘트는 초대교회 교인들 사이에 예수 그리스도의 탄생일에 관해 서로 다른 의견들이 있어 충돌한 일이 있었다고 했으나 구체적인 년 월 일에 대한 어떤 확증은 없었다.

탄생일에 대한 가장 확실한 문헌이라고 하는 독일의 사가(史家)인 몸젠(The Mommsen)에 의해 발표된 AD 354년에 로마교회의 한 사가(史家)가 붓으로 쓴 글이 있는데 그 글 중에는「그리스도 후에 제1년, 카에사르는 파울루스의 집정관 임기 중, 주 예수 그리스도는 12월 25일 금요일, 새달의 제15일에 탄생하셨다」고 기록되어 있다.

서방 교회에서는 AD 336년에 12월 25일을 성탄절로 정해 지켜오고 있었다. 사실 서방교회에서는 예수께서 탄생하신 사건을 중요하게 생각하고 그 탄생일에 대해서는 그렇게 중요시하지 않았다. 다만 예수 그리스도가 이 세상에 오심을 기념하는 의미에서 매년 12월 25일을 전통적으로 지켜오고 있는 것이다.

초창기에는 성탄절이 특별한 종교의식의 날로 지켜졌으나 점차적으로 국가적인 차원에서 경축일로서 지정되어 지켜지고 있다.

우리 한국 교회는 대부분의 교회가 서방 교회와 같이 매년 12월 25일을 성탄절로 지키고 있으며, 국가적으로도 이 날을 공휴일로 정해 지킬 수 있게 해 주고 있다.

2) 성탄절의 의의

그 동안 성탄절의 의의에 대하여 여러 각도에서 살펴 설명해 준 글들이 많이 있어 그 모든 것을 참고 하는 중에 여기에서 말하고 있는 것도 덧붙여 생각하면 조금이나마 도움이 되리라 여겨진다.

성탄절은,
1. 하나님의 사람에 대한 가장 큰 관심이 구체적으로 표현된 날이다. 오늘 우리 사회의 저변에 깔려있는 사회병 중의 하나가 무관심이다.

   특히 예수 그리스도의 관심의 대상이었던 가난하고 병들고 눌려 갇힌 자들에 대한 무관심이 서로 서로를 슬프게 하고 있다. 그러므로 성탄절은 내 이웃에 대해 관심을 구체적으로 표현해 주는 계기라 생각하고 우리 어린이들로 하여금 가난하고 외롭고 병들고 갇힌 사람들에게 따뜻한 관심을 갖도록 하여 직접 찾아가 그 관심을 표현토록 해야 될 것이다.
2. 하나님이 사람과의 거북스런 관계가 근본적이며 영구적으로 다시 회복 되어진 날이다.

그러므로 금번 성탄절을 계기로 하여 하나님과 나와의 대신관계, 나와 너와의 대인관계를 회복시키는 기회로 삼으면 좋겠다.

그래서 선생님과 어린이와의 막힌 관계도 뚫어야 겠으며, 어린이 들로 하여금 서로 서로 먼저 용서하고 이해하기 운동을 펴도록하여 주위의 어린이 세계에 등 돌린 사이가 좋은 친구 사이가 되어 지도록 하나가 되어지는 운동이 꼭 일어났으면 좋겠다.
3. 하나님의 사람에 대한 가장 값진 사랑의 선물이 주어지는 날이다.

참 사랑이란? 받기 보다는 주기를 좋아 하듯이, 성탄절이 돌아오니까 많은 선물을 받을 수 있겠지 하는 기대에 앞서 얼마나 많은 선물을 줄 수 있을까 하고 서로서로 사랑의 손길을 펴 선물을 하는 운동을 펼친다면 얼마나 좋겠는가? 그래서 금번 성탄절은 받는 선물 보다는 주는 선물이 한층 많아진 자랑스러운 성탄절이 되도록 해야겠다.
4. 하나님의 사람에 대한 옛 약속이 그대로 지켜진 날이다.

왠지 모르게 날이가면 갈수록 크고 작은 약속들이 더욱 많아지고 있는 시대에 우리가 살고 있다. 그렇기 때문에 작은 약속들을 소홀히 여기기 쉽고 그러다 보면 믿을 수 없는 사람으로 낙인이 찍혀 버리게 된다.

특히, 우리 선생님들은 어린이들과의 약속을 바쁘다는 핑계속에서 지켜주질 못할 때가 종종 있게 된다. 그러므로 금년 성탄절을 계기로 서로서로 약속을 잘 지키는 운동을 편다면 퍽 의미가 있을 것이다.

하나님의 사람에 대한 성경 속의 많은 약속들이 틀림없이 지켜지고 있는 것처럼 우리도 노력하는 계기로 삼아야 하겠다.
　마지막으로 성탄절의 주인은 '예수 그리스도이시다' 라는 것을 더욱 분명히 해야 하겠다.
　안식일의 주인도 예수이시지만 성탄절 역시도 주인이 되심을 알아야 하겠다.　예수 그리스도를 외면한 성탄절은 혼인잔치에 있어서 신랑 신부를 쫓아내고 축하객들 만이 즐기려는 행위와 같다라고 할 수 있다.
　그 옛날 아기 예수를 짐승들이나 쉴 곳인 마굿간에다 내 팽개침같이 화려한 문명세계인이라 할 수 있는 현대인 역시도 벽돌집 건물 안이나 시끄럽고 요란한 거리에다 팽개치고 가장 중요한 내 심령의 구유에 모셔 들이지 않고 있다.
　제발 금년 성탄절부터는 우리 모두는 물론 우리 어린이들 심령에 예수 그리스도를 모셔 들여 정말 훈훈한 성탄절이 되게 해야 하겠다.
　이렇게 되어질 때 성탄절의 의미는 되살아 날 것이며, 내 심령에서 부터 시작된 성탄절 감격이 내 가정 그리고 내 이웃 더 나아가 전 세계에 충만하여 정말 하나님의 나라가 임하는 그 감격을 세계인 모두가 다 맛보게 될 것이다.　이 진정한 샬롬 운동을 아직은 순수한 교회학교 어린이들부터 시작하게 하여야 겠으며 우리 교회학교 선생님들은 그 산파의 역할을 해야 할 것이다.
　이번 성탄절은 잘못된 성탄절 의식을 새롭게 하여 그 의의를 잘 살려 하나님께 영광을 ! 이 땅위에는 참 평화가 임하도록 해야 하겠다.

5. 세계의 크리스마스 풍속도

오늘날의 성탄절은 기독교인들 뿐만 아니라 전세계의 사람들에게 가장 행복하고 즐거운 축제일이다. 기독교인이나 비기독교인이나 막론하고 성탄 노래를 부르고 선물을 교환하여 교회에서, 가정에서 파티를 열고 가장 행복하게 보내는데 온 세계가 한결같이 즐거워하는 크리스마스는 각 나라마다 특유의 전통과 특색을 갖고 있다.

영 국

크리스마스 전날 밤에 큰 통나무를 방에 들여와 난로 앞에 놓습니다. 그리고는 옛날부터 전해 오는대로 가족들은 모두 그 통나무 위에 앉아 새해의 행복을 약속해 주는 불길 앞에서 크리스마스를 맞이 합니다. 새벽송을 부를 사람들은 큰 교회의 높은 아취 밑에 모였다가 크리스마스 새벽이 되면 옛날에 늘 부르던 찬송과 아름다운 캐롤을 부릅니다. 그리고 수 백년 동안 공연 되어서 잘 알고 있는 전통적인 크리스마스 무언극이 상연됩니다. 이 극들은 대부분 놀만, 잭슨, 봐이킹 그리고 영국의 고적극들입니다.
어린이들은 화덕 옆에 긴양말을 걸어 놓고 산타할아버지가 가득 채워 주기를 바라고 우편 배달부, 우유 배달부, 청소원들에게 선물을 가득 안겨주면서 한 해 동안의 수고에 감사하며 치즈를 발라 요리한 공작 새 고기를 먹는다.

아일랜드

크리스마스날 밤에는 촛불을 켜서 창문마다 놓고 문을 열어 둡니다. 집없이 태어나신 하나님의 아들 아기 예수를 위해 보금자리를 마련할 수 없으므로 촛불을 켜놓고 문을 열어 둠으로써 환영의 표시를 합니다. 촛불을 밤새도록 켜 놓았다가 「마리아」란 이름을 가진 여자가 이 촛불을 끌 수 있습니다.

또한 「굴뚝새 먹이기」는 하나의 관습으로 굴뚝새로 인해서 가시덤불 속에 숨었다가 배반당한 성스데반의 이야기에 의해 생긴 것입니다.

성 스데반 기념일이 12월 24일에는 어린이들이 같이 모여 새장 속에 가시덩쿨을 넣고 그 위에 굴뚝새를 놓고 자선사업을 위한 돈을 걷으러 이집 저집으로 다닙니다.

폴란드

폴란드의 어리이들은 크리스마스 전날 밤에 성 니콜라우스의 훌륭한 흰말을 위해서 음식을 준비하고 그들의 깨끗한 나막신에 건초와 당근을 담아서 창문 턱에 올려 놓습니다. 그리고 옆에는 물그릇을 놓아 둡니다.

어린이들은 크리스마스날 아침이 되면 성 니콜라우스가 무슨 선물을 놓고 갔는지 보려고 일찍 일어나서 건초와 당근 대신에 나막신 속에 놓아 두고 간 장난감과 다른 좋은 선물들을 보고 대단히 기뻐합니다.

크리스마스날 아침 예배가 끝나면 어른들은 남자나 여자나 다 괴상한 옷차림을 하고 이집, 저집으로 노래를 부르며 줄을 지어 돌아 다닙니다.

저녁에는 집안 식구끼리 모이며 친구들은 서로 찾아 다니며 놀고 운하의 얼음 위에서 스케이트를 탑니다.

독 일

세계 어느 나라에서나 즐겨 부르는 「크리스크링클」작의 "고요한 밤 거룩한 밤"의 찬송과 손으로 깎아 만든 장난감과 크리스마스 츄리는 지난 독일에서 시작한 즐거운 성탄절 순서의 몇가지에 지나지 않습니다.

그 중에서 가장 큰 것은 "Tannenbaum", 즉 크리스마스 츄리입니다.

아무도 모르게 장식된 이 나무에 크리스마스 전날 밤에 불을 켜 놓습니다. 이 나무는 너무도 아름다워서 젊은이나 나이 많은 이나 모두 보고 즐거워하고 장난감을 주고 받는 일도 빼 놓을 수 없는 풍속입니다.

집안을 크리스마스 츄리와 촛불 캔디로 장식하고 특히 선물은 사지 않고 제 손으로 전날 저녁에 츄리 앞에 둘러앉아 파티를 즐기며 선물을 교환합니다.

노르웨이

크리스마스가 되기 수 주일 전부터 집안 식구들은 모두 크리스마스 선물 만들기와 긴 겨울을 지낼 때 필요한 식량을 저장하기에 바쁜 나날을 보냅니다. 치즈와 소세이지를 만들고 빵과 과자를 굽고 크리스마스트리 장식에 필요한 여러가지 색의 초를 만듭니다.

또 하나의 아름다운 관습은 아기 예수가 나실 때 동물들이 그 자리에 있었던 것을 회상하며 동물이나 새들을 기념하는 일입니다. 들의 동물들을 조심스럽게 돌봐주고 가족들에게는 먹이를 더 많이 줍니다. 이 중에서 더욱 아름다운 것은 새를 놓아 주는 일입니다.

가을에 거둬들인 곡식을 특별히 그 이삭대로 묶어서 마당 가운데 세워 놓은 장대 끝에 달아 놓습니다. 크리스마스날 아침에는 지붕 위와 출입문과 곡간문은 곡식의 낟알로 장식합니다. 이것은 새들의 크리스마스 만찬이 됩니다.

불가리아

크리스마스 전날 밤에 첫 별이 나타나면 두 주일 동안 엄격하게 지키는 금식시간 이 끝납니다. "Kraua"라는 둥글고 큰 케익은 새와 꽃과 십자가의 모형으로 장식되어 있고 또 초가 켜져 있습니다. 부모님은 향을 피워 놓고 이 축하케익에서 "행운"을 뜻하는 조각을 떼어 내기 전에 기도를 드립니다. 크리스마스날 아침 식사 전에 아버지는 통나무를 방안으로 가지고 들어 옵니다. 이때 다른 식구들은 곡식을 아버지에게 뿌립니다.

이 관습은 통나무와 더불어 식구들의 건강과 오는 해의 풍작을 상징하는 것입니다. 또는 곡식을 양말 속에 넣어 두기도 하고 문지방에 뿌리기도 합니다. 아버지가 그 통나무에 불을 붙여 놓으면 불꽃이 튀길 때마다 그들의 소원을 외치면서 어린이들은 그 통나무를 두들깁니다.

스웨덴

아름다운 소나무 가지로 만든 관에 일곱개의 촛불을 동그랗게 달아쓰고 흰 옷입는 허리에는 빨간 띠를 두른 성 루시아가 쟁반 위에 차와 과자를 가지고 와서 집안식구들을 깨웁니다. 이것은 이제부터 성탄절이 다가왔음을 알려주는 것입니다. 이날이 12월 13일입니다.

스웨덴 사람들은 크리스마스 전날 밤에 그들의 조상들이 옛 집으로 돌아온다고 믿고 있습니다. 그래서 전설에 의하여 그들은 잠자리와 음식을 그들의 조상을 위해 만든 것처럼 그날밤에는 하인처럼 일을 합니다.

크리스마스 축하행사에는 크리스마스 전날 밤에 크리스마스

트리를 손질하는 일과 춤과 노래와 마지막으로 빨간초로 봉해진 크리스마스 선물을 풀어 보는 것으로 끝을 장식합니다.

러시아

가족들이 모여 어린이들을 위한 파티가 열립니다. 그리고 가족끼리「다섯 무더기의 곡식」이라는 옛날 관습을 행합니다. 자정이 되면 닭장에서 자고 있는 암탉을 부엌으로 잡아 옵니다. 부엌 마루에는 다섯 무더기의 곡식이 있는데 그 하나 하나에는 전설에 나오는 다섯가지 운명 즉 부귀, 가난, 죽음, 결론, 독신생활을 나타내는 것입니다. 이때에 그 닭이 그냥 졸면 이것은 즐거움과 행복을 약속해 주는 것이고 깨어나면 곡식을 보고 하나 하나 먹기 시작합니다.

시실리아

산 속의 음악 연주가들이 마을거리를 돌아 다니며 바이올린과 첼로로 우울한 선율을 연주합니다.
밤의 축하 예배는 크리스마스 전날 밤 자정에 열립니다. 교회 예배와 성가 부르기를 마치고 사람들은 밀로 만든 아기 예수의 초상을 가지고 목사님의 뒤를 이어 하나의 대열을 형성합니다. 천천히 이 행렬이 거리를 돌아 다닐 때 광장에는 불을 피워 놓고 교회의 종은 울리며 하늘 높이 봉화를 던집니다.

필리핀

아름다운 열대지방의 꽃으로 만든 여러가지 색의 화환과 목걸이를 어린이들은 예배와 축하에 참석할 때 두르고 나갑니다. 이때 어린이들은 악대에 맞추어 노래를 부릅니다. 필리핀 어린이들은 크리스마스 트리가 없습니다. 그 대신 그들은 무엇이나 아끼지 않고 있는 대로 집안을 장식합니다. 깃발과 종려나무 가지와 여러가지 색의 꽃으로 집안을 장식하고 촛불은 밤새도록 들창에 켜 둡니다.

크리스마스 축하의 마지막을 장식하는 것은 크리스마스 날이 끝나는 자정을 알리는 시계의 종소리가 울릴 때까지 선율적인 교회의 종소리가 온 마을에 울려퍼집니다.

팔레스틴

옛날과 같이 크리스마스 저녁에 교회는 깃발과 다른 장식품으로 뒤덮여 번쩍입니다. 높은 성곽 위에서는 행렬의 진행을 알리려고 나부끼는 깃발을 높이 쳐들고 말을 탄 사람의 행진을 알려줍니다.

거칠은 아라비아 말을 탄 지방 경찰대의 뒤를 따라 십자가를 높이 들고 검정 말 위에 기수가 서서 따라갑니다. 제일 뒤에는 교인들과 지방관리 그리고 아름다운 동방의 Jehus를 태운 두 바퀴 마차가 뒤따릅니다. 이 행렬은 소용하고 엄숙하게 교회로 들어갑니다. 왜냐하면 성장의 초상이 있는 곳은 공개할 수 없기 때문입니다.

관중들은 교회로 들어가서 높은 제단 뒤를 지나 동굴로 통하는 계단을 돌아 비탈길을 내려갑니다. 여기에 은빛 별로 표시한 곳이 예수님이 탄생한 곳입니다. 또한 성자가 누우신 곳이기도 합니다.

미국

친구들과 친척을 위한 선물과 카드를 사고 교회에서는 성가대 연습과 축제 준비가 진행되고 가정에서는 온 식구가 크리스마스 츄리를 만들고 성대한 가족잔치를 베풀며 이 날 아침에는 칠면조 고기, 버터 바른 감자, 과일케이크, 파이 등을 먹는다.

일본

2차 대전 후 미군이 주둔하면서 시작된 크리스마스 축제는 일본인들에게는 아직도 남의 축제라서 남자들은 밤새도록 술을 먹으며 즐기고 교회에서 겨우 크리스마스 행사를 하는데 그치고 있는데 이 역시도 일본 군국주의 냄새가 나고 있으며 상점가에서 매상을 올릴 수 있는 절호의 기회로 이용하는 형편이다. 크리스마스는 장사하는 날이라는 느낌을 준다.

프랑스

어린이들은 산타할아버지가 선물을 가득 채워주기 바라며 신발을 현관의 계단 위에 놓아두고 온 집안에 행운을 상징하는 겨울나무로 장식하며 소 간으로 만든 파이를 먹는다.

스위스

스위스 젊은이들은 크리스마스 전날 자정 예배를 드리러 갈 때 9개의 샘을 거쳐 가되 각 샘에서 세 모금씩의 물을 마신다. 이렇게 하여 교회에 닿으면 교회 앞에서 미래의 배우자를 만난다는 전설이 있다.

이탈리아

전 날에는 금식하고 온 가족이 모여 예배드리고 나서 선물을 교환하며 철저하게 교회식으로 지낸다.

6. 성탄절 특별 프로그램 (Ⅰ)

정춘석 목사

1. 성탄의 뜻
① 구주가 나셨으니 곧 그리스도 주시니라
　- 나를 위해 오셨다는 확신을 주는 성탄
② 지극히 높은 곳에서는 하나님께 영광
　- 독생자를 보내신 하나님께 예배드리는 성탄
③ 땅에서는 사람들에게 평화
　- 땅에 있는 이웃과 불우자들에게 기쁨을 주는 성탄
성탄의 주인공은 우리, 나, 산타크로스가 아닌 구세주

2. 성탄 프로그램
① 넘치는 기쁨의 행사
성탄 카드 보내기
- 한 어린이가 몇 장썩의 카드를 만들어 교회 다니다가 못 나오는 어린이에게 우송.
성탄 기도의 밤
- 24일 저녁 고요한 시간을 가져 돌림 기도회를 갖는다. 어린이들은 미리 기도문을 간단히 작성하여 돌려가며 낭독하게 한다.
성탄 장식
- 교회 안과 교회 밖에 장식, 십자가를 만들어 각자의 집 문 앞에 달아 놓는다.
  ・크리스마스 추리　　・문짝 데크레이션
  ・홀 데크레이션　　　・카드 데크레이션
새벽송
- 몇 명의 어린이만 한 곳에 모여 잠을 자다가 새벽에 교회 주위를 돌며 찬송을 한다. 무엇을 받는 새벽송보다 무엇인가를 전해주는 새벽송이 되도록 한다.
성탄 게임

- 성탄의 뜻을 기릴 수 있는 게임, 성탄 풍습을 담은 슬라이드나 사진, 카드, 그림 등을 모아 전시하고 특별히 갖는 행사를 발표한다.
② 성탄 예배
　기쁨과 거룩함으로 드리는 예배, 모든 자가 참석하도록 드리며 예수 오심의 참뜻과 받아 들임이 드러나도록 드릴 것.
촛불 예배
경배 예배(예물 예배)
- 성전 한 구석에 베들레헴 말구유와 아기 예수의 모형을 만들어 놓고 예물을 드리게 한다. 다만, 사전 지도를 통하여 예물은 자기가 돕고 싶은 어린이가 고아원의 친구에게 보낼 것을 정성껏 만들게 하는 것이다.
음악 예배
- 합창, 중창, 독창, 기악연주 등으로 연결하여 예수님 탄생의 이야기를 노래곡으로 모아 순서에 따라 발표하게 한다(칸타타).
연극 예배
- 무대 배경, 분장, 효과 소도구, 조명 등을 준비하여 연출자의 지시에 따라 질서 있게 예배를 드린다(대화극, 그림자극, 인형극 등). 어른과 함께 하는 성탄극이면 더욱 좋겠다.
영화 예배
- 예수님의 일생에 관한 영화나 텔레비젼에 나오는 영화를 준비하여 관람하면서 드리는 예배.
(영화, 슬라이드, O.H.P 등)
가족 합창제
- 부모님을 모시고 나와 함께 축하 노래를 부른다.
성탄 축하의 밤
- 노래 외에 따로 연극, 무용, 암송, 연주, 율동, 동화 등의 어린이 축제로 진행하며 축하의 절정을 이룬다.
성탄 캐롤 알아 맞추기
- 녹음기나 전축으로 성탄 캐롤을 들려주고 그 곡이 어느 나라의 것인지 알아 맞추고 캐롤에 얽힌 이야기들을 들려준다.
각 나라 성탄 풍습 발표

- 각 나라 성탄 풍습을 담은 슬라이드나 사진, 카드, 그림 등을 모아 전시케하고 특별히 갖는 행사를 발표케 한다.

무용 예배
- 손유희, 춤

성구 낭송 예배
- 카셋 녹음기, 테이프, 성구 프린트를 준비하여 음성과 배역에 따라 남녀 낭송자를 선발하여 드리는 예배.

성탄 멧시지
- 어린이 전원이 성탄 멧시지를 만들어 발표하게 한다. 자기의 설교가 되며 감동이 크다.

장년부와 함께 축하 예배 참석.

③ 돕는 성탄

초청 파티
- 구두닦이, 신문팔이, 우체국 아저씨, 파출소 순경, 교통 순경, 동네 할아버지, 할머니, 청소부 아저씨 등을 초청하여 떡, 생강차 등을 대접하고 양말, 장갑, 목도리, 손수건 등을 선물한다.

크리스마스 선물
- 가난한 교회학생이나 고아원 어린이를 진심으로 돕는 마음으로 정성껏 선물을 준비하고 선물 속에 예쁜 카드와 성경구절을 넣는다.
※ 생각(마음 - 목자들), 돈(헌금 - 동방박사), 재주(순서 - 천사), 어느 것으로나 불쌍한 이웃을 돕는 행사를 꼭 마련하도록 할 것.

④ 결론

성탄의 참 뜻을 알아야 한다.
나만 즐거워 하는 성탄이 아니라 목이 터져라고 알릴 수 밖에 없는 심정을 가질 것.
모든 행사에 모두가 참여하도록 한다.
통일성 있는 프로그램으로 중복을 피할 것.
밤새워 지내는 프로그램보다는 가족 중심의 프로그램을 마련할 것. 비성경적인 프로그램을 하지 말 것.

성탄절 특별 프로그램(Ⅱ)

성탄절을 맞아 우리는 진정으로 기뻐하고 축하하는 순서보다는 해마다 비슷한 행사를 하는 것을 본다. 또한 어느 교사나 비슷한 공감되는 행사이다. 장식도 마찬가지이다. 장사꾼들이 준비해 놓은 상품을 교회에 구입하여 전시하는 것 뿐이다. 그러므로 백화점, 술집, 가정, 교회 모두 흡사한 모습을 볼 수있다.
참 크리스마스의 의미와 진정 우러나오는 기쁨의 축하를 하는 것인지 생각해 보아야 겠다. 그러므로 예수님 생일 축하를 보이지 않는 예수님의 축하 잔치가 아니라 우리와 지금 함께 하는 예수님의 생일 축하잔치를 해야겠다.

[방법1]
모든 교우와 넓은 장소에 함께 모여 축하 테프를 끊으며 축하 노래와 환호성을 울려 보려고 한다.

1. 오색테잎을 길게 엮어 온 교우가 한손씩 붙잡고 한손에는 가위를 잡고 축하 노래를 부른다.
   예) 기쁘다 구주 오셨네, 축하하오 메리 크리스마스.
2. 몇명 선생님과 어린이, 장로님, 집사님에게는 수소풍선을 들려주고 또 폭죽도 준비한다.
   * 몇개의 수소풍선 끝에 폭죽을 묶어 놓는다.
3. 축하노래가 마치면 테프를 가위로 자른다. 자르는 동시에 폭죽를 터트리며 수소풍선을 하늘로 올린다. 폭죽소리와 함께 풍선은 높이 오르고 오색 폭죽과 테잎이 사방에 흩어지며 불꽃놀이를 연상케 한다.

[방법2]

온 교우가 각자 아름다운 초를 준비한다.

여러색깔과 여러 모양으로된 초를 준비하여 어둠을 밝히는 촛불을 켠다.

"고요한 밤"노래에 맞추어 촛불을 이어간다. 노래가 끝나면 다시 "작은 불꽃 하나가 큰 불을 이루어…"를 부르며 첫번 크리스마스를 맞은 마음으로 촛불을 밝히며 오색빛이 빛나며 어둠이 밝혀진다.

적막 속에 희망이 비치듯이 황홀경에 이른다. 촛불을 들고 조용히 찬송 부르며 성전 안으로 들어간다. 미리 준비되어진 안정된 자리에 초를 장식한다. 그 모습은 마치 아름다운 성을 이루게 된다.

[방법3]

대형 케익을 준비한다. 혹은 무지개 떡을 둥글게 준비하여도 멋있다.

대형케익 혹은 떡을 칼로 나누어 온 교우가 즉석에서 나누어 잔치하는 것도 성도의 교제가 될 수 있고 진정한 생일잔치가 될 수 있다.

성탄절 특별 프로그램(Ⅲ)

성탄절은 기독교에서 가장 의의가 있고 큰 절기 중의 하나이다. 성탄절의 중심 내용은 하나님의 아들 예수 그리스도가 인간으로서 인간 가운데 인간을 위하여 이 땅에 오셨다는 것이다.

그러므로, 이 프로그램을 통하여 어린이들에게 참되고 복된 예수님의 나심을 올바로 전하여 그가 오시지 않았던들 완전한 생명을 얻지 못했을 것이라는 인식을 갖게하고 그 기쁜 소식을 이웃에게 전하므로 이웃과 함께 하는 즐거운 축제가 되었으면 한다.

성탄 축하 예배는 교회마다 조금씩 차이가 있겠으나 성탄절 아침예배와 저녁의 축하예배를 겸한 발표회로 나누어 보는 수가 많다.

다음에 소개 하는 것은 참고에 지나지 않으며 교사들이 각자의 교회특성을 살려서 프로그램을 작성해 보는 것도 좋을 것이다.

◆ 아침예배순서 ◆

묵 도 ············· (주악, 어린이 성가대 허밍) ················ 일 동
기 원 ························ 이사야 9 : 6 ····················· 사회자
찬 송 ······················ 우리구주 나신날 ··················· 일 동
교독문 ··· 사회와 어린이

사회자 : 하나님의 외아들 예수 그리스도께서
어린이 : 죄인을 구원하시려고 이 세상에 오셨습니다.
사회자 : 하늘나라 왕자이신 예수님께서
어린이 : 병든 사람을 고쳐 주시려고 이 세상에 오셨습니다.
사회자 : 눌리고 천대받는 사람에게
어린이 : 따뜻한 사랑을 주시려고 이 세상에 오셨습니다.

사회자 : 온유하고 겸손한 어린이들에게
어린이 : 사랑의 친구가 되어 주시려고 이 세상에 오셨습니다.

◆ 기 도 ◆ 교 사 중

　나쁜죄를 짓고 벌 받아야 할 우리들을 구해 주시려고 예수님을 이 세상에 보내 주신 하나님! 정말 고마워요. 하나님의 크신 사랑을 생각하며 우리는 정성 다해 예배 드려요. 우리 위해 세상에 오신 예수님의 탄생을 축하 드리고 감사하는 예배를 드리는 이 시간 우리들의 마음 속에 참된 마음과 깨끗함을 주셔서 하나님 원하시는 어린이들이 되게 해 주세요. 우리 위해 어린아기로 탄생하신 예수님의 이름으로 기도합니다.　　　　　　　　　　　　　　　　　　　아멘

찬 송 ················· 기쁘다 구주 오셨네 ················· 일 동
성경말씀 ·················· 눅 2 : 13-14 ·················· 사회자
찬 양 ··· 어린이성가대
설 교 ············· (본지 성탄 설교 참고) ············· 설교자
찬 송 ················· 귀중한 보배함을 ················· 일 동
헌 금 ·· 일 동
봉헌기도 ·· 어린이중에서

　우리를 죄에서 구원하시려고 예수님 보내주신 것을 감사드립니다. 우리는 하나님의 그 크신 사랑을 갚지 못하여 정성 모아서 헌금드립니다.
　받아 주시고 축복해 주세요. 이후에는 헌금보다 더 귀한 우리의 몸도 하나님을 위해 드리게 해 주세요. 큰 믿음 주세요. 예수님의 이름으로 기도드려요.　　　　　　　　　　　　　　　「아멘」

표어제창 ·· 사회자선창

어린이는 따라서

「유대인의 왕으로 나신 이가 어디 계십니까? 우리가 그에게 경배하러 왔습니다.」

시낭독 ··· 맡은이

모두다 고요히 잠들 때 밝은 빛 작은 고을로 끌어 내리셨네.
어둠 속에 신음하는 영혼들을 건지시러 급히 급히 찾아오셨네.
모두 기쁜 찬송하세 할렐루야.

찬 송 ················· 축하하슈 동무들아 ················ 일 동
축 도 ··· 목사님

◆ 특별순서 ◆

1부는 예배로, 2부는 성탄 축하발표로 가질 수 있는 것이다.

* 1부는 예배(촛불예배)

입 장 ··· 성가대

교회 안에 전기가 일체 꺼지고 사회자와 기도자가 앞장서고 성가대원들이 성탄노래를 부르며 촛불을 들고 입장한다.

묵 도 ··· 일 동
기 원 ··· 사회자

하나님! 예수님 탄생을 축하하는 예배를 드리기 위해 저희들이 모여 머리 숙였습니다. 마음까지 얼어붙게 하는 이 추위에도 예수님

은 우리들에게 꿈과 희망을 주셨어요. 우리를 구원하기 위해 오신 예수님을 생각하며 우리도 예수님 위해 살게 해 주세요.
　예배 드리는 우리 마음을 깨끗하게 해 주셔서 하나님만 기쁘시게 하고, 영광 돌리게 해 주세요. 예수님 이름으로 기도합니다. 「아멘」

찬 송 ················· 고요한 밤 거룩한 밤 ················· 일 동
성경봉독 ················· 마 2 : 23 ················· 사회자
찬 양 ················· 저들 밖에 한밤중에 ··········· 어린이성가대
설 교 ············· 하나님이 우리와 함께 계시다 ············ 목사님
찬 송 ················· 동방박사 세사람 ················· 일 동
광 고 ················· 사회자
축 도 ················· 목사님

* 2부 축하발표회

1. 첫인사 ················· 유치부 어린이 중
2. 인사말 ················· 어린이 중

별님의 이야기

　안녕하세요?
　제가 오늘 집에서 뜰 아래 서자마자 하늘을 쳐다봤어요.
　아, 글쎄, 커다란 별 하나가 눈 앞에 바싹 다가와 있잖아요. 참 아름다운 별이었어요. 문득 동방박사들을 아기 예수님께서 나신 마굿간으로 이끈 그 별이 생각났어요.
　아, 점점 모를 일이었어요. 그 별은 정말 움직였어요. 내 가슴이 콩닥콩닥 뛰었어요. 나도 모르게 그 별을 따라 발을 옮겼어요.
　별은 신비로운 이야기를 들려 주었어요.

별은 신나는 노래를 가르쳐 주었어요. 별은 멋진 춤을 보여 주었어요. 그 별을 따라 가면서 이야기도 듣고 노래도 배우고 춤도 보았어요. 그러다보니 별이 딱 멈추더군요. 정신을 차리고 보니 바로 우리 교회였어요. 그 별은 어디에 갔느냐구요? 별은 우리 교회의 지붕에 내려 앉았어요. 여러분도 보셨죠? 교회 지붕에 빛나는 커다란 별을 …

여러분, 제 눈을 보세요.
제 눈이 별처럼 반짝이지요?
우리 교회 어린들의 눈은 다 맑게 반짝인답니다. 별님의 이야기를 듣고, 별님의 노래를 부르고, 별님의 춤을 추었기 때문이지요.
지금부터 저희들이 배운 별님의 이야기를 들려 드리고, 별님의 노래를 부르고, 별님의 춤을 보여드리겠어요.
잘 보시고 박수를 많이 보내 주셔요. 그러면 하나님께서도 기뻐하실거예요. 왜냐구요? 그야 별님이 들려준 이야기는 하나님의 말씀이고, 별님이 가르쳐 준 노래는 하나님을 찬송하는 노래이고, 별님이 보여준 춤은 하나님의 손짓이니까요. 오늘이 성탄절 아니예요? 여러분 기대하세요.

3. 독창
4. 성경암송
5. 무용
6. 이중창
7. 동화(성탄절과 관계된 내용)
8. 율동
9. 만담(교사도 좋겠다)
10. 악기연주(교사가 좋겠다)
11. 성극(본지 성탄자료 참고)
12. 합창
13. 끝인사(유치부 어린이)

7. 성탄 예배 프로그램

성탄 예배는 전교우가 모여 가족끼리 같은 자리에 앉아 함께 예배하는 총동원 예배를 이루어 보는 것도 바람직하다.
잃었던 양찾기 운동으로 전 교인이 협력하여 가족 모으기, 친구찾기, 구역식구 찾기, 소외된 자 찾기 등등으로 예수님 앞에 모두 모이기 운동을 하자.
그리하여 진정으로 하나님이 기뻐하는 예배를 드려 보도록 하자. 주는 예배, 함께하는 예배, 감사하는 예배, 기뻐 드리는 예배, 잘못 인식되어져 있던 성탄예배를 바로 인식시키며 드려지는 예배를 이루어 보자.
지금까지 우리는 얼마나 많은 형식에 얽매여 있었는가 생각해 보자.
진정과 신령으로 예배를 얼마나 드렸는가 반성해 보자. 성탄의 뜻을 바로 알고, 예수님이 오신 그 목적대로 가난한 자와 함께하는 예배, 병든 자를 위해 기도해 주는 예배, 헐벗고 굶주린 자와 나누는 예배, 눌린 자, 억울한 자, 낮은 자와 함께 하는 예배, 소외된 자, 외로운 자와 함께하며 친구 되어주는 예배, 찬양이 있고 시가 있고 기쁨과 감사가 넘치는 예배, 세계가 하나되는 참 주님이 오신 그 뜻을 바로 알고 행해지는 크리스마스 예배를 행해 보자.
준비 : 1. 선물, 음식, 찬양, 간증이 준비되어 있어서 기쁨과 감사가 넘쳐 나오는 예배를 이루어 보자.
    2. 특색있는 모습으로 자신을 꾸며보자.
       가면, 의복, 분장의 한면을 강조하여 세계의 모습을 꾸며보자.

성탄 예배 순서(Ⅰ)

시작과 찬양

예배의 부름 … (시 95 :)   사회자
 다와서 우리를 지으신 하나님 앞에 예배드립시다.
 그는 우리의 하나님이시요. 우리는 그의 백성이며
 그의 조상의 양떼입니다.

찬양의 시… (다같이 일어서서 머리 숙인다)… 사회자
 너희는 새 노래로 여호와께 노래하라.
 온땅이여 여호와께 노래하라.
 너희는 여호와께 노래하고 그 이름을 찬양하며
 날마다 그 구원하신 은혜를 밝히 드러내라
 여호와는 하늘을 지으신 분이며 그 앞에 존귀와
 위엄이 있고 그 성소에 능력과 아름다움이 있도다.
 온 세상의 민족들아 영광과 권능을 여호와께
 돌리고 돌리자. 그 이름에 합당한 영광을
 여호와께 돌리고 돌리라.
 예물을 가지고 그 전에 들어가라. 거룩하고 아름답게
 여호와께 경배하라.
 성부, 성자, 성신 한 하나님께 마음과 뜻과
 정성을 다하여 영원한 감사와 찬양을 돌리자. 아멘.

회개와 용서

회개의 말씀   사회자
 사랑하는 어린이 여러분 우리는 참 마음으로 하나님 앞에서
 죄를 회개하고 주 예수 그리스도의 이름으로 죄의 용서함 받기
 를 간구 합시다.

회개의 기도   사회자

　우리에게 예수님을 보내주신 하나님 우리는 주님의 뜻대로 살지 않고 우리 마음대로 살았습니다.
　우리는 해야할 일은 하지않고 하지 않아야 할 일을 했습니다. 거룩하신 하나님 예수님께서 보여 주신대로 서로 사랑하지 못한 우리의 잘못을 뉘우치며 회개합니다.
　우리를 용서하여 주옵소서. 이제부터는 우리가 주님의 뜻대로 바르게 살겠사오니 우리를 도와 주옵소서.
　예수님의 이름으로 기도합니다. 아멘.

용서의 말씀   사회자

　고마우신 하나님 우리 모두가 잘못을 뉘우치며 죄의 용서함 받기를 간구하였습니다. 우리의 모든 죄를 용서하여 주옵소서. 깨끗한 마음으로 주님을 찬양하며 살아 가겠습니다. 아멘.

아멘 송… (세번 아멘) …다같이

찬양(감사)과 간구

　　성서교육
사회자 : 하나님은 이 세상을 극진히 사랑하신 나머지 외아들을 보내셔서
어린이 : 그를 믿는 사람은 누구든지 멸망하지 않고 영원한 생명을 얻게 해 주었습니다.
사회자 : 목자들이 밤을 새워가며 들에서 양떼를 지키고 있을 때 갑자기 주님의 영광의 빛이 두루 비치는 가운데 주님의 천사가 그들에게 나타나 말하였습니다.
어린이 : 나는 여러분에게 기쁜소리를 전하러 왔습니다.

모든 백성들에게 큰 기쁨이 될 소리입니다.
사회자 : 오늘밤 당신들의 구세주께서 다윗의 고을에 나셨습니다.
어린이 : 그 분이 바로 주님이신 그리스도이십니다.
사회자 : 여러분은 한 갓난아이가 포대기에 싸여 구유에 누워있는 것을 보게될 터인데
어린이 : 그것이 바로 그 분을 알아보는 표입니다.
사회자 : 이때에 갑자기 하늘의 큰 군대가 나타나 천사와 함께 하나님을 찬미하였습니다.
다같이 : 하늘 높은 곳에서는 하나님께 영광 땅에서는 그의 사랑받는 사람들에게 평화
찬양 : … (85장) … 다같이
중보의 기도 … 사회자

오늘의 말씀과 결심

말씀의 찬송 … (예수님 우리들은 당신말씀 그리워) … 다같이
오늘의 말씀 … (마 25 : 34-40) … 설교자
찬송 … (401 장) … 다같이
오늘의 결심 … (묵상기도) … 다같이

오늘의 예물

드리는 말씀… (교독문) … 다같이
사회자 : 우리에게 예수님을 보내주신 하나님께 감사하며
어린이 : 우리는 마음을 다하여 마음의 예물을 드립니다.
사회자 : 우리의 죄를 용서하여 주신 하나님께 감사하며
어린이 : 우리는 뜻을 다하여 마음의 예물을 드립니다.
사회자 : 예수님을 통하여 올바른 길을 보여주신 하나님께 감사하며
어린이 : 우리는 정성을 다하여 마음의 예물을 드립니다.

다같이 : 오! 고마우신 하나님 우리들이 드리는 마음의 예물을 받아
　　　　주옵소서. -아멘-

헌금　　　　　　　　　　　　　　　　　　　정성다하여
헌금기도　　　　　　　　　　　　　　　　　　사회자

끝맺음과 축복

찬송 … (89장) … 다같이
축복의 기도 … 다같이
폐회 송영 … 반주자

＊ 모두 손을 잡고 주님의 자녀임을 환영하며 기뻐하면서 모두
　마칩니다.

성탄 예배 순서(Ⅱ)

예배시작은 흩어진 곳에서 부터 출발하게 했으므로 1부는 교회 밖에서 진행되고 2부는 교회 안에서 진행토록 한다.
 1부 단원에서는 축제 분위기조성의 준비작업이요, 2부는 성취에 두었다. 그래서 각 처소에서 가면을 만들고 친교를 하고 선물을 받게 하여 한 마음 한 뜻되게 유도한다. 여기서 갖는 친교는 한 가족이요, 한 형제임의 분위기를 돋구게 될 것이다. 또한 선물 나눔에 있어서 모임 장소를 진행부에 알려서 선물전달에 어려움이 없도록 하며 싼타크로스로 분장키 어려우면 목사님으로 해서 직접 선물을 전달하는 것이 좋을 것이다. 장소에 있어서는 교회에서 가까운 지역으로 함이 좋을 것이다.

1. 단원 한마음 한뜻되어

가면 만들기 ··· 그룹별
선물전달 ···································· ① 싼타클로스할아버지
　　　　　　　　　　　　　　　　　　　　　　② 목사님
친교 ··· 인도 : 각반교사
입장준비 교사는 맨 앞에서 인도하고 학생은 뒤에 따르도록 하며 가면을 쓰고 입장 하도록 한다.

2. 단원감사

우리모두 감사함이 없이 성전에 들어간다는 것은 부끄러운 일이다.
 입장하면서 적은 돈이라도 정성스럽게 드리며 입장토록 한다.

입장(주악) ··· 반주자
헌금(정성을 드려서) ································· 다함께

입장하면서 자리에 앉되 분반 교사가 맨 앞에서 인솔한다. 그리고 교회 안은 소등되어 있고 제단에만 일곱촛불이 있을 뿐이다.

3. 단원 회개

입장이 완료되면 예언자가 들어오면서 회개를 촉구한다.

◎ 스가랴 : 너희는 악한길과 악한 행실에서 떠나서 돌아오라(반복)
　　　　　(슥 1 : 4) (퇴장하면서도 외친다. 무거운 음악이 흘러 나온다).
◎ 이사야 : 주께서 친히 징조를 너희에게 주실 것이라. 보라 처녀가 잉태하여 아들을 낳을 것이요. 그 이름을 임마누엘이라 하라(사 7 : 14).
　　　　　그는 전능하신 하나님이요. 영존하시는 아버지다. 그리고 평강의 왕이라 할 것입니다(사 9 : 6).
　　　　　반복하여 외치면서 퇴장한다.
　　　　　(음악이 흘러 나온다) 앞자리에 있던 어린이가 등단하여 회개기도를 하면 모두 따라 기도한다.
　　　　　"전능하신 하나님이시여, 영존하시는 아버지시여, 평강의 왕이시여, 저희를 불쌍히 여기옵소서. 저희는 악한 길에서 헤매는 자들이요. 악한 행실에서 떠나지 못하는 자들입니다. 용서 하옵소서. 용서 하옵소서. 예수님 이름으로 기도합니다."

4. 원 소식과 경배(천사~성가대)

천사의 예복을 한 성가대가 중앙으로 입장하되 찬양하며 입장한다.
모든 성가대원은 제단을 향해 섰다가 다가서면 일제히 회중을 향해 선다.
중앙에 있던 천사는
"미라아가 아들을 낳거든 이름을 예수라 하라" ················· 천사①
"두려워 하지 말라. 내가 만민에게 미칠 큰 기쁜 소식을 너희에게 전해준다" ·· 천사②
"오늘 다윗의 동네에서 너희 구주가 나셨으니 그가 곧 그리스도 주님이시다" ·· 천사③
"지극히 높은 곳에서는 하나님께 영광이요, 땅에서는 기뻐하시는 사람들에게 평화로다" ·· 천사모두
(외침) "할렐루야!" ·· 다함께
(리더자가 앞에 나가 두손들며 세번 외친다)
"찬양" ··· 성가대
(찬양을 마치고 퇴장)
천사들은 등장하는 천사 설교자를 주목하여 보고 몸도 움직이며 찬양한다.
성가가 마치면 천사는 등단한다.
성경봉독 ··· 천사①②
소식 ············· "유대땅 베들레헴에서 예수님이 나셨어요"(반복)
(이때 불을 켠다. 성가대, 천사들 퇴장한다)
경배 ·· ① 목자들
② 박사들
③ 어린이
④ 교　사

(경배자들이 나와서 특별순서를 갖는다. 찬송, 무용, 율동 등···)

5. 단원선포

찬양 .... 성가대
메세지 .... 목사(전도사)
〈준비물… 가면〉

하나님은 우리를 사랑하사 독생자 예수 그리스도를 세상에 보내 주셨습니다. 바로 그 예수님이 오실 것을 에언자들을 통해서 알려 주셨습니다. 마침내 유대 땅 베들레헴에 오신 것입니다.

천사들을 통해서 "마리아가 아들을 낳거든 이름을 예수라"하라고 명하셨습니다. 예수라는 이름은 백성들을 죄에서 구원할 자라는 뜻이었습니다. 즉 예수님은 우리를 구원할 구주로 오신 것입니다. 이제 우리가 죄로 말미암아 영원히 죽을 수 밖에 없는데서 구원자이신 예수님 앞에 나아와 회개합시다. 얼굴에 쓰고 있던 가면을 벗어 버립시다. 형제 앞에서 왜 가면을 쓰고 거짓된 생활을 합니까? 벗어 버립시다. 구세주이신 예수님을 열심히 믿고 구원에 이릅시다. 또한 예수님은 임마누엘로 오셨습니다. 그래서 구원받은 우리에게는 언제나 함께 계셔서 절망에서 벗어나 용기 있는 삶이 되게 합니다.

그뿐인가요. 예수님은 평강의 왕으로 오셨기 때문에 예수님을 우리 가운데 모시면 평화스러운 나라가 이룩되게 될 것입니다.

어린이 여러분! 우리에게 구원을 베푸시고 우리와 함께하시고, 우리에게 평화를 베푸시는 예수 그리스도께 경배 드립시다.

경배하는 우리에게 축복이 임하실 것입니다.

6. 단원 응답과 축복

찬송(일어서서) .... 다같이
축도 .... 목사님
할렐루야 .... 손에 손잡고
　가사 : 할렐루야, 할렐루야, 할렐루야, 아멘(반복), 곡 : 개편 253장

성탄 예배 순서(Ⅲ)

김정하 목사

억압, 폭력, 갈등, 괴로움, 슬픔, 고민 등 뒤범벅이 된 표현을 무엇으로 표현한다 (음악은 시끄럽다. 조명은 어둡다. 회중석 소등한다). 무대의 행동자들은 지쳐 버린다. 조용해진다. 그리고 음악도 점점 사라진다. 이제 침묵에 빠진다. 회중으로부터 평화를 기대하는 감정으로 이끈다.

갑자기 무대 앞부분에 자리하고 있던 성가대가 찬송을 한다.
(새찬송가 117장, 개편 79장, 합동 찬송가 87장)

무대에 등장한 사람들은 조용히 행동하며 곧 퇴장한다. 찬송가 2절을 부를 때 회중석을 밝게 한다.

중창 ············· (새 469, 개 253, 어린이 234) ········ 3, 4학년중
찬송 ············ (기뻐하자 경배하자 : 개 19장) 다같이 일어서서

예배사 : 수고하고 무거운 짐진자들아 다 내게로 오라. 내가 너희를 편히 쉬게 하리라. 나는 마음이 온유하고 겸손하니 나의 멍에를 메고 나에게 배우라. 그러면 너희의 영혼이 안식을 얻으리라. 내 멍에는 편하고 내 짐은 가볍다.

신앙고백(주기도문) ······································· 다같이
송영 ·· 성가대
교독문 ········ (어린이찬송가 48번의 성탄①) ·········· 다함께
어린이 : 하나님의 외아들 예수 그리스도께서
회 중 : 죄인을 구하시려 이 세상에 오셨습니다.
어린이 : 하늘나라 왕자이신 예수님께서
회 중 : 병든 자를 고치시려 이 세상에 오셨습니다.
어린이 : 억눌리고 천대받는 사람들에게

회 중 : 따뜻한 사랑을 주시려고 이 세상에 오셨습니다.
어린이 : 온유하고 겸손한 어린이들에게
회 중 : 사랑의 친구가 되어 주시려고 이 세상에 오셨습니다.
기도송 : (어린이찬송가 53장) ················· 다함께(앉으면서)

　　　　지금 머리숙여 기도하오니
　　　　저의 모든 소원 들어 주소서
　　　　하나님 아버지 아멘
기 도 ·· 어린이
응답송 ··· 성가대
　　　　우리 기도를 주여 들으사
　　　　주님의 평화를 내려 주소서

▣ 말씀 선포

회중석은 어둡게 하고 조명은 무대를 비친다.
소식을 전할 천사가 나타나기 전에 천사들의 무용이 있게 한다.
천사들의 무용이 끝나면 천사가 중앙에 나타나 한 손을 들고 회중을 바라보며 소식을 전한다.
천사 : 두려워 말라 나는 너희에게 기쁜 소식을 전하러 왔다. 모든
　　　백성에게 큰 기쁨이 될 소식이다.
　　　오늘밤 너희의 구세주께서 다윗의 고을에 나셨다.
　　　그 분이 바로 메시야이신 예수 그리스도이시다.
　　　너희는 한 갓난아이가 강보에 싸여 구유에 누워있는 것을 보게
　　　될 것이다.
독창 ·················· (새 120, 개 92, 합 104) ············ 1. 2학년중
성경봉독 ··················· (이사야 9 : 6) ············· 6학년 어린이

이는 한 아이가 우리에게 낳고 한 아들을 우리에게 주신 바 되었는

데 그 어깨에는 정사를 메었고 그 이름은 기묘자라 전능하신 하나님이라 영존하신 아버지라「평강의 왕」이라.

찬양 ··· 성가대
오늘의 말씀 ··· 목사(전도사)

  앞면에 흰색과 뒷면에 검은색이 나타나게 하여 둥근 원을 만든다. 원 중앙에 반원을 붙여서 그 반원을 열고 닫고 움직일 때 웃는 얼굴 흰색이 나타나게 하고 뒷면에 반원을 열고 닫을 때 성난얼굴 검은색이 나타나게 제작한다.
  첫번 설명은 검은색을 설명하고 그 개념의 특성을 잘 설명해 주고, 즉 마음의 어두운 면을, 사회의 어두운 면으로 연결시키고 평화의 반대 개념임을 전달한다.
  그리고 둘째번 설명은 흰색을 설명하고 우리 사회의 밝은 면을 이야기해주므로 억압과 폭력의 반대 개념임을 설명한다. 마음의 어두운 면에서 성난 얼굴모습을 보이게 되고 마음의 밝은 면에서 웃는 얼굴로 표현되는 과정을 설명한다.

예화 : 어느날 목사님은 심방을 하시려고 고급 주택이 즐비한 마을을 지나게 되었다. 길가에 위치한 저택에서 음악소리와 웃음소리가 뒤엉켜 흘러 나왔다. 목사님은 부러운듯 생각에 잠겨 십여 발자국을 내디였다. 갑자기 와장창 깨지며 요란한 소리가 그 저택으로부터 들리는 것이었다. 목사님은 그 집을 바라다 보면서 "인위적인 평화가 순간적이구나"하는 생각이 머리에 스쳐갔다. 왜냐하면 인간의 감정에 호소하는 쾌활은 잠깐이요, 곧 먹구름을 안겨다 주기 때문이었다.
  목사님은 다시 걷기 시작하여 이윽고 심방할 가난한 가정에 가까이 이르게 되었다. 그때 목사님의 귓전을 울리는 천사들의 찬송소리가 들리었다. 한 발자국, 두 발자국 옮길 때 더욱

뚜렷하게 들렸다. 바로 그 찬송은 목사님을 초청한 가난한 가정이었다. 그 가정은 목사님을 모시고 예배하기 위해서 비록 판자집에서 살지만 그는 목사님의 예배인도로 예수님의 평화가 임하기를 고대하는 가정이었다.

이 모습을 지켜본 목사님의 마음에도 주님이 평화의 왕으로 임하시는 것이었다.

멧세지의 요지 : 예수님은 억눌리고 찢긴 마음에 평화의 왕으로 오셨습니다. 죄의 사슬에 매여있는 우리들을 자유케 하시려고 평화의 왕으로 오셨습니다. 절망하는 사람들에게 희망을 되찾아 웃음과 평화의 동산을 꾸미고자 오셨습니다. 형제와 형제가 마음문을 닫은 상태에서 예수님이 오셔서 그 잠긴 마음의 문을 열어 한 형제를 이루시게 하십시다.

진정한 평화가 이룩되는 그곳에는 남의 흠을 찾기보다 자기의 흠을 찾기에 바쁩니다. 진정한 평화가 이룩되는 그곳에는 형제에게 바보라 하지 않고 내가 어리석은 바보인지 돌아보기에 바쁩니다. 평화의 왕이 오신 곳에는 교만하지 않고 성내지 않고 투기하지 않고 미워하지 않고 비방하지 않고 온유하고 겸손한 행동이 나타납니다.

주님은 이 땅에 평화의 왕으로서 임무를 다하기 위해 그는 십자가 상에서 가시관을 쓰시고 양손 양발에 쇠못이 박히고 옆구리에 창자국이 났습니다.

평화를 기대하십니까? 우리는 예수님을 우리 마음에 초대합시다.

평화의 왕이신 예수님을 이 땅에 전합시다. 결코 예수님은 어지러움의 하나님이 아니고 평화의 하나님이십니다(고전 14 : 33).

◨ **감사와 응답**

찬송 ·················· (새 129, 개 82, 합 96) ······ 다함께 일어서서
봉헌기도 ········ (헌금바구니 들고 제단앞으로) ········ 어린이중
찬송 ··················· (새 123, 개 85, 합 111) ················· 다함께
축도 ·· 목사님
　　〈2부 : 축하잔치- 연극, 무용, 노래, 게임, 선물나누기 등〉

8. 성탄 행사 프로그램

언제부터인지 우리 주위에는 우리 보다는 개인이 인정받는 시대가 되었다. 모임보다는 개인이 인정받기 위하여 노력하며 홀로서기를 주장해 왔다.
그러다보니 함께하는 즐거움, 봉사, 사랑을 나누는 것보다 안 주고 안 받고 내일 아니면 상관없는 냉랭한 사회와 가족과 교회와 집단이 되고 말았다.
여럿의 소리보다는 내 주장 내 소리가 더 중요하게 되어 버렸다. 이제는 함께하는 사회를 함께하는 기쁨을 배워야 한다.
개인의 장기자랑 특기자랑도 중요하지만 서로 어울려 양보하고 지켜보고 격려하며 누리는 사회를 가르쳐야 하겠다.
꼭 사회가 있고 진행자가 있고 듣는 자와 발표하는 자가 분리되는 것보다 누구나 참여할 수 있는 프로그램을 만들자.

1. 성경암송

① 소리로 외우고 몸으로 표현하고 수화(몸짓)로 말한다.
② 릴레이식으로 암송하는 것도 바람직하다.
③ 성경, 찬송을 찾아 합창한다.

2. 세계의 소리 모으기

중국어, 일어, 영어, 독어 등 각 나라말로 성구를 암송하게 해본다. 읽어도 좋다. 또한 각 나라 캐롤을 그 나라 말로 불러보는 것도 바람직하다.

3. 무언극 수화극

요즈음 세상에는 귀가 있어도 듣지 못하고 입이 있어도 말하지 못하는 사람이 많다.
하나님은 지금도 우리에게 말씀하시건만 듣지 못하고 있다. 하나님은 우리에게 전하라 하시건만 전하지 않고 있다.
이러한 우리에게 무언극과 수화극은 무엇인가 느끼게 해줄 수 있으리라 믿는다.

4. 상 징

크리스마스를 연상케 할 수 있는 것을 준비하여 설명토록 한다.
예) 예수님, 말구유, 동방박사, 츄리초, 산타할아버지, 사슴, 선물, 눈, 버선…

5. 패 션(가장행렬)

세계가 하나로 뭉쳐 한국을 향해온다.
우리가 통일되어 세계를 향하여 달려 간다는 뜻으로 각나라, 의상, 풍습, 언어를 습득하여 국기를 들고 등장 한 다음 모두 손에 손잡고 기쁘다 구주 오셨네를 합창한다.

6. 장기자랑

각자 어린이의 특기를 발표토록 해본다.

7. 연 주

온 교인이 리듬악기, 타악기, 관악기 한가지 악기를 가지고 함께 두드리고 불며 즉석에서 연주한다.
 한 마음 한 뜻을 이룰 수 있는 자리가 된다. 손뼉치고 발구르고 춤추며 노래한다.

8. 행운권 추첨

끝날무렵 교회문을 열고 싼타할아버지가 등장한다. 미리 준비한 카드를 뽑아 맞춘다(미리 한 장의 분리된 종이를 갖고 등장토록하여 나머지 반쪽을 싼타가 뽑아 맞추는 것이다).

9. 성탄 재롱잔치(Ⅰ)

올해도 크리스마스는 우리와 함께 합니다. 크리스마스란 Christ와 mass를 합한 말입니다. 즉 메시아와 예배를 합한 것으로 그리스도의 탄생을 축하하고 예배하는 뜻입니다. 성탄절의 의미는 '오심'이란 뜻입니다. 그러므로 기다리는 마음이 함께 합니다.

2000년 전에 오셨고, 우리 안에 지금 오십니다. 그리고 다시 언제일런지 모르지만 오실 것입니다.

이러한 성탄절을 우리는 어떻게 맞이해야 할까? 행사가 아닌 우리의 주인을 맞을 준비를 합시다. 2000년 전 베들레헴에 태어나셨던 예수님이 지금은 우리 마음 속에 함께 하십니다. 그리고 앞으로 오실 그분을 이렇게 맞이합시다.

1. 축제 준비

오색 테프와 가스 풍선과 폭죽를 이용하여, 테프를 함께 자르며, 풍선을 띄우며 폭죽를 터트리며 함께 찬양하며 종소리를 울려 퍼트립시다. 자른 오색 테프는 공중에 날려 띄우면, 더욱 기분을 더해 줄 수 있다.

(떡을 준비하여(시루떡) 초를 꽂고 불을 켜고 자르는 시간을 가지면 더욱 흥겹다.)

2. 행렬 모임

성탄절 축제는 우리나라 뿐 아니라 세계의 축제이다. 그러므로 이 기회에 세계의 의상과 특징을 살펴보는 시간을 가져보자. 세계를 좁히고 세계를 하나로 모으자. 의상, 언어, 춤, 인사 모두를 조사하여 살펴보자.
예) 태국 : 손톱이 특징, 맨발
　　인도 : 이마에 표시, 스카프

3. 가면 무도회

얼굴에 안경을 만들어 쓴다. 안경 모양을 특징있고 멋있게 만들어, 가면을 쓰고 친구와 서로 인사를 나누며, 그동안 사귀지 못한 사람, 혹은 싸웠던 사람, 함께 모여 인사하며 찬양하며 춤춘다.

4. 세계를 알자

세계의 생일 축하 파티 행사로 모든 사람에게 만국기를 흔들어 보이며 모두 즐겁게 노래하며, 국기를 흔들어 보이며 세계인이 함께 모인 시간을 가져본다.

5. 성경 암송

1. 소리로 외우고 몸으로 표현하고 몸짓으로 말한다.
2. 릴레이식으로 암송하는 것도 바람직하다.
3. 성경을 찾아 암송한다.

6. 동극

즉석에서 함께 꾸며보자. 학부형, 교사, 어린이 함께 제목을 놓고 극을 해 본다.
예) 선한 사마리아 사람
대본 없이 자유로 꾸며보는 것이기 때문에 현시대를 정확히 파악할 수 있다.

7. 장기 자랑

어린이가 가지고 있는 장기를 자랑하고 표현해 보도록 한다.

8. 촛불 잔치

모두 각자 준비한 초를 차례로 켜서 어둠을 밝혀 본다. 빛으로 오신 예수님을 깨닫게 한다.

9. 다함께 찬송을

연이어서 찬송을 불러본다. 춤추고 노래하며 성탄절을 장식한다.
축하하세 → 기쁘다 구주 오셨네 → 탄일종 → 흰눈 사이로 → 루돌프 사슴코 → 창밖을 보라.

10. 예수님이시라면…

역할놀이를 통하여 이럴 때 예수님은 어떻게 하실까를 질문하고 대답하게 한다.
거지를 만났을 때…
길 잃은 아이를 만났을 때…
싸우는 사람을 보았을 때…

11. 선물 교환

자기가 가장 아끼는 물건을 준비하여 서로 나눈다. '나눔의 시간'의 기쁨을 알게 한다.

성탄절 어린이 재롱잔치(Ⅱ)

성탄절 행사에 있어서 유치부 재롱잔치는 정말 기대되는 시간이다.
잘하느냐, 못하느냐에 상관 없이 모든 사람을 즐겁게 해주는 시간임에는 틀림없는 사실이다.
실력을 알아 보려는 것도 아니요, 경쟁을 하는 대회도 아니며, 이름 그대로 재롱을 본다는 뜻이다. 그러므로 부담도 없고, 조바심도 없이 마냥 즐거운 분위기며, 웃을 수 있는 자리이다.
이번 성탄절 어린이 재롱잔치 시간에는 예수님과 함께 하는 정말 뜻있는 자리가 될 수 있도록 어린이와 하나가 되어 이룰 수 있는 시간들을 마련해 본다.

① 나도 잘해요
함께 한 자리에서 자진하여 앞으로 나와 자기 특기를 발표한다. 노래, 춤, 이야기, 무용, 웅변, 독백, 기능 등 자신있는 부분을 발표하게 하여 칭찬해 주며 자신을 갖게 해 준다.

② 엄마 아빠 들어주셔요
요즈음 어린이들 소란스럽고 복잡하고 대담한 반면에 속으로 쌓여있는 불만들이 많다.
어린이들 하는 말이 "안 통해" 하는 단어가 있다.
말을 해도 들어 주시는 일보다 시키시는 일이 더 강하기 때문에 말을 할 필요가 없다는 뜻이다. 그러다 보니 어린이들 행동이 본의 아니게 거칠고 투정스럽게 나타날 때가 있다.
그러므로 이번 기회에 어린이들이 부모님 앞에서 하고 싶은 말을 자연스럽게 발표할 수 있도록 자리를 마련해 보자.
예) 엄마, 나 피아노 치기 싫어요.
엄마, 나도 밖에서 놀게 해주셔요.
내 친구 내맘대로 사귀게 해주셔요.

③ 무언극

미리 준비한 내용으로 함께 엮어 보는 무언극과 그 자리에서 제목을 주면서 엮어 나가게 하는 방법이 있다. 준비된 무언극은 발표할 수 있는 내용이지만 그 즉석에서 이루어지는 무언극은 창작으로 엮어질 수 있는 것으로 어린이 생각을 알 수 있는 시간이 될 수 있다.

고정적인 내용 발표도 중요하지만 어린이 스스로 내용을 준비하여 표현하게 하는 것도 대단히 중요한 시간이 될 수 있다.

④ 가장행렬

세계가 서울을 향해 온다. 성탄절을 맞으며 세계가 한국의 성탄절을 함께 맞기 위해 달려오는 모습을 생각하며 준비해 보자.

각국 특색, 언어, 의상, 예물 등을 마련하여 세계를 하나로 모아보자.

⑤ 이야기 꾸미기

준비된 그림을 보여주면서 자연스럽게 그림을 보며 이야기를 엮어 보게 한다.

그림과 이야기는 어린이가 생각하고 직면한 문제와 직결됨을 알 수 있다. 이 시간을 통하여 어린이 생각과 구연 방법과 사고 능력을 알 수 있다.

⑥ 캐롤 부르기

어린이들이 앞에 나와서 캐롤을 부르며 모두 함께 부르는 시간도 가져본다. 어린이들이 준비하고, 진행하며 시간을 가져 봄도 매우 유익한 시간이 될 수 있다.

⑦ 함께 율동을

어린이들이 율동을 발표한 후 다함께 어린이들을 따라서 해보게 한다.

교사들이 아닌 어린이 중심이므로 거리감없이 함께 할 수 있다. 어린이에게는 격려가 되고, 어른들에게는 즐거움이 되는 시간이 될 수 있다.

⑧ 성탄에 찍은 사진 전시회

년도와 장소와는 상관없이 성탄절에 찍은 사진을 모아 본다. 사진 속에서 볼 수 있는 성탄절 풍경과 세월이 흐르며 변화된 여러 모습을 알 수 있다. 사진밑에 설명을 적어 붙여놓으면 더욱 흥미롭고 감회가 깊다.

⑨ 선물교환

성탄절 하면 예수님보다 먼저 생각나는 것을 선물이라고 한다.
으례히 성탄절에는 선물을 주고 받는 것이 통례로 되어 있기에 설레임과 함께 자연스런 분위기도 함께 한다. 그래서 이번 선물은 똑같은 분위기 속에 호기심을 부를 수 있는 방법과 받는 기쁨보다 주는 기쁨을 맛보게 하자.
준비하는 마음, 주는 마음, 그러면서 받는 기쁨보다 주는 기쁨이 더 크다는 것을 알게 하자.
똑같은 깡통 속에 자기만이 아는 아끼는 물건을 준비하여 나름대로 포장하여 준비된 자리에 함께 모아 번호별로 깡통을 받는다.
나의 준비된 깡통이 누구에게 주어졌는가와 나에게 주어진 선물은 무엇인가를 깡통을 열기까지 마음으로 생각해 본다.

⑩ 예쁜 카드 전시회

년도에 관계없이 예쁜 크리스마스 카드를 가져와 전시한다.
세월 속에 변한 카드와 성탄절과 관계있는 카드가 몇 종류나 되는지 검토해 볼 수 있는 기회도 된다. 성탄절을 나타내는 카드도 많지만 성탄절과 무관한 카드가 더욱 많다. 그리고 아이들이 예쁘다고 생각하는 카드 종류를 보면서 그 마음도 알 수 있다.

⑪ 촛불 모으기

촛불을 밝혀 예배를 드리면 더욱 경건하고 의미있고 새롭다. 요즈음은 여러 종류의 초들이 많다. 일정한 초로 불을 밝히는 것보다 여러 종류의 촛불을 밝히면 황홀하고 변화있는 모임이라 볼 수 있다.

⑫ 성탄 초청 파티

성탄절은 예수님이 죄많고 병들고 외롭고 어렵고 가난한 자를 위하여 이 땅에 오신 날이다. 가진 자보다 잃은 자, 버림받은 자, 헐벗고 굶주린 자를 기억해야 되는 날이다.

어린이에게 그러한 사람을 찾아 보도록 한다. 그래서 재롱잔치날 그분들과 함께 자리를 갖게 한다.

어린이들이 생각하고 있는 가난한 자, 병든 자, 외로운 자, 헐벗은 자, 과연 어떤 사람을 알고 있는지 초청하여 자리를 함께 하며 어린이에게 소개토록 한다. 조그마한 선물과 음식을 준비하면 더욱 의미가 깊다.

이번 성탄절은 예수님의 뜻을 따를 수 있는 성탄절로 맞이해 보도록 하자.

⑬성경 암송

어린이에게 성경을 알게 하고 성경대로 살게 하려면 성경을 많이 알아야 한다. 또한 어릴적에 암송한 내용은 자라서도 잊혀지지 않는 다는 사실을 우리는 잘 알고 있다.

이해하기 쉽고 외우기 쉽고, 널리 알려진 성경을 택하여 암송을 시킨다.

어린이들 암송을 들으며 말씀을 더 새롭게 받아 들일 수 있고, 또한 어린이의 암송을 통해 어린 시절을 생각할 수 있는 시간도 된다.

⑭부모님이 들려주는 동화

성탄절을 통해 부모님과 좀더 가까워져야 한다. 그러려면 부모님이 가지신 특기를 어린이들 앞에 보여 주어야 한다.

동화는 누구나 좋아한다. 특히 부모님이 들려주는 동화는 어린이들 모두 즐겨하는 내용 중에 한 분야이다.

이번 성탄절에 어린이들 앞에서 부모님이 평상시 잘 아는 동화를 아이들에게 들려주는 시간을 마련했으면 한다.

⑮부모님과 함께 하는 연극

TV 비디오, 오디오 영향으로 누구나 조금씩 모든 면에 재능을 겸비하고 있다. 보고 들은 바를

흉내내는 일을 주저하는 일은 드문 것 같다. 그러므로 부모와 함께 주제를 가지고 연극을 꾸며 보면 어린이들도 좋아하고 어른들 또한 동심으로 돌아갈 수 있는 시간이 될 수 있다.

　익숙치 못한 연극을 통하여 용기를 불러 일으켜 줄 수 있고, 또한 흥미도 줄 수 있는 시간이 된다.

⑯나도 싼타가 될래요.

　싼타크로스 제복을 준비하여 즉석에서 원하는 사람을 시켜 제복을 입힌 후, 싼타 역할을 시켜 본다.

　하고 싶은 말, 주고 싶은 물건, 싼타의 특색을 살려 예고없이 실행해 보는 것도 재미있을 수 있다.

10. 성탄 손유희

저 높은 하늘에
　(오른손 직지펴서 하늘을 가리킨다)
별 하나가
　(손(오른손)들고 반짝인다)
베들레헴 말구유를
　(두손 둥글게 위로 올렸다가 나란히 아래로 내린다)
알려주고 있었어요(비춰주고)
　(얼굴 앞에서 두손 반짝인다)
여기예요 여기예요
　(입가에 두손대고 외치는 모습한다)
동방박사 세사람
　(지팡이 짚은 모습하고 3을 펴보인다)
아기님께 경배했어요.
　(멋있게 절을 올린다)
목자들도 달려 왔어요.
　(달려오는 모습한다)
예수님께 경배했어요.
　(예쁘게 절을 한다)
음매 송아지도 염소도, 말도
　(특징을 설명한다)
조용히 고개 숙였죠.
　(넙죽 엎드려 절을 한다)

눅 2 : 14

지극히 높은 곳에서는
 (두팔 꺾고 위를 본 후 두손 높이 올린다)
하나님께 영광이요.
 (두손 위로 올려진 그대로 반짝인다)
땅에서는
 (두손 아래로 내리며 넓은 땅을 나타낸다)
기뻐하심을
 (두손 위로 올리는 듯하며 어깨를 으쓱한다)
입은 사람들 중에
 (두손 가슴에 얹고 두손 넓게 펼친다)
평화로다
 (두손 반짝이며 넓게 펼친다)

양초5개

다섯 개의 작은 양초가 환하게 빛을 발하며 타고 있어요.
 (왼손가락을 활짝 펴서 반짝여 보인다)

첫째 양초가 말했지요.
"우리 큰 빛을 만들자"
 (엄지를 펴서 힘있게 흔들어 보인다)

둘째 양초가 말하길
"아기가 태어났어"
 (직지를 펴서 하늘을 가리킨다)

셋째 양초가 말하길
"우리 빛을 모아 아름답게 장식하자"
 (장지를 펴서 뱅뱅돌리고 양손을 펴서 반짝인다)

넷째 양초가 말하길
"자 어둠을 물리치자"
 (약지를 펴서 힘있게 보이며 양손을 펴서 두 눈을 가린 후 활짝 펼친다)

다섯째의 양초가 말하길
"어둠을 물리쳐 우리가 그 아기를 비추자"
 (애지 손가락을 펴서 두 주먹 쥐어 앞으로 힘있게 세운 후 두손 활짝 반짝인다)

다섯 개의 작은 양초는 몸을 태워 가장 좋은 빛을 만들었습니다.
(왼손을 펴서 양초를 만든 후 손가락 움직여 반짝여 빛을 발한다)

다섯 개의 양초는 멋지게 빛을 비추어 아기 예수 나심을 축하했습니다.
(오른손을 올려 하늘을 가리키고 왼손을 펴서 반짝인다)

동방박사 세사람

동방박사 세 사람은 추운 겨울날 별을 발견했습니다.
  (오른손 직지로 먼곳을 가리키고 왼손 직지, 장지, 약지를 펴서 보이며 오른손은 위로 올려 반짝인다)

그 별은 아기 예수 나심을 알렸습니다.
  (오른손을 반짝이고 왼손 엄지를 펴보인다)

첫째 박사는 이렇게 말했어요.
"우리는 아주 멀리서 왔습니다"
  (장지를 펴 보이며 오른손을 올려 반짝인다)

둘째 박사는 말하길
"우리는 별을 따라 왔습니다"
  (약지손가락을 펴 보이며 두 손 모아 기도하는 모습한다)

세 박사는 소리모아 말했습니다.
"우리의 가장 큰 선물은 함께 찬양하는 것입니다"
  (세 손가락 펴보이며 다시 엄지 편 후 피리 불고, 장고치고, 피아노치는 모습으로 찬양한다)

세 박사의 선물은 세상에서 가장 귀한 황금, 유향, 몰약 이었습니다.
  (세 손가락 펴보이고 두 손 모아 기도한 후 두 손으로 황금처럼 반짝이고 유향처럼 냄새맡고 몰약을 나타내는 잠자는 모습한다)

작은 종 5개

작은 종 5개가 줄에 매달려 있습니다.
 (왼손가락을 활짝 펴서 구부렸다 폈다 한다)

첫째 종이 말하길 "나는 천천히 울릴래"
 (엄지를 펴서 보이며 천천히 움직인다)

둘째 종이 "나는 빠르게 울릴래"
 (직지를 펴 보이며 빠르게 움직인다)

셋째 종이 "나는 계속 울릴래"
 (장지를 펴 보이며 쉬지않고 구부렸다 폈다 한다)

넷째 종이 "나는 음악을 좋아해"
 (약지를 펴 보이며 가슴에 두손을 대고 어깨를 으쓱인다)

다섯째 종이 "자 우리 모두 크리스마스 캐롤을 멋지게 울리자"
 (애지를 펴 보이며 손뼉 1회 크게 친 후 양손 구부렸다 폈다 하며 멋지게 연주한다)

싼타 할아버지

여기 멋진 굴뚝이 있습니다.
 (왼손을 주먹쥐고 직지를 펴서 세운다)

굴뚝 위에 지붕이 덮혀 있습니다.
 (왼손 직지 위에 오른손을 펴서 약간 굽혀 지붕을 만들어 씌운다)

지붕을 열어 볼까요?
 (지붕을 열어보는 것처럼 오른손을 이동한다)

어머! 산타가 뛰어 나오시네요!
 (이동함과 동시에 왼손 직지 구부리고 엄지를 활짝 세운다)

싼타 할아버지 언제 오실까?

산타 할아버지 우리 집에 오십니다.
 (수염을 쓰다듬고 등에 선물지고 오는 모습한다)

나는 할아버지께서 오시기를 간절히 기다립니다.
 (두 손을 깍지끼어 턱 밑에 받쳐 고이고 기다리는 모습한다)

나는 산타 할아버지가 언제 오시는지 잘 압니다.
 (손뼉을 1회 크게 치고 손가락을 튕긴다)

산타 할아버지는 내가 잠이 들기 전에는 아니 오십니다.
 (두 손을 모아 귀 밑에 대고 잠자는 모습한다)

11. 성탄절 그림 색칠하기

요셉과 마리아는 어디로 갈까요.?
각자 색칠하고 설명해 봅시다.

확대하여 쓰세요.

아기 예수 나셨네.

색칠 하셔요.

색칠해 보세요.

색칠해 보세요.

마리아에게 천사는 알려줍니다.
아기를 낳으시리라고…

※예쁘게 색칠해 보세요.

요셉에게 천사는 전합니다.

마리아가 아기를 가졌노라고…

※ 예쁘게 색칠해 보세요.

※예쁘게 색칠해 보세요.

12. 성탄 수화 및 성탄 노래 수화

1. 크리스마스 노래

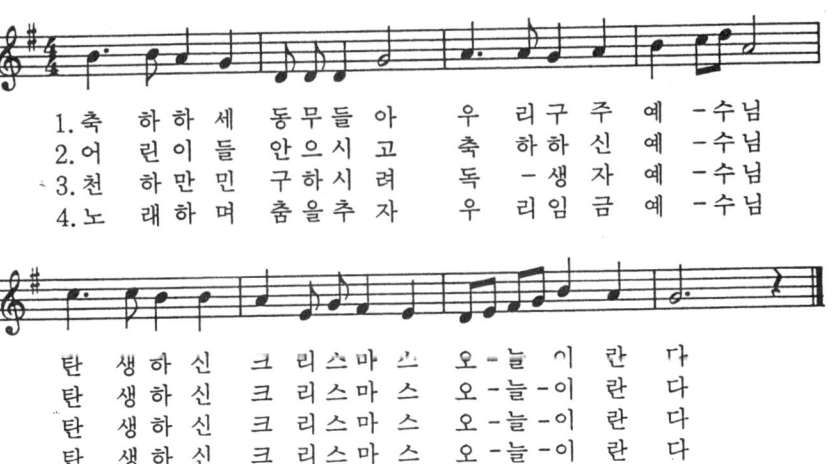

크리스마스 노래(수화)

1. 축하하	축하 : 턱을 쓰다듬고 양손을 각각 모았다가 펴올린다. 하 : 왼손목을 오른손 주먹으로 한 번 친다
2. 세	왼손5를 세우고 오른손을 펴서 손끝이 왼손등에서 위 아래로 흔든다.
3. 동무 들아	동무들 : 손뼉을 소리 안나게 2~3번 친다. 이 : 오른손1을 입가에 세워서 앞으로 내민다.
4. 우리구주	우리 : 나를 칭하고 손을 앞으로 돌린다. 구주 : 기쁘다 구주 오셨네 참조
5. 예수님 (좌.우)	예수 : 2번손가락으로 양손바닥을 차례로 찍는다. 님 : 오른손5를 세우고 왼손 받혀 올린다.
6. 탄생하신	탄생 : 양손을 배에 세워서 배에서부터 아래로 내린다. 하신 : 위 참조
7. 크리스마스 오늘	예수+축하로 한다. 오늘 : 손을 펴서 아래로 향하여 위, 아래로 가볍게 흔든다.
8. 이란다.	양손을 펴서 왼손은 손바닥이 위로 오른손은 손등 위로 하여 오른손을 왼손에 올렸다 내린다

— 기쁘다 구주 오셨네 —

기쁘다 1	양손1, 5번 손가락만 펴서 양손을 손가락이 아래로 향하게 하여 위, 아래로 엇갈려 왕복 한다.	구주 2	왼손5을 세우고 나머지는 접는다. 오른손은 5, 1로 왼손5를 끌어올린다. 양손1, 5를 펴고 1을 서로 얹는다.
오셨 3	오른손1을 세우고 앞뒤에서 당기며 왼손으로 받친다.	네 4	왼손을 펴서 세우고 오른손을 펴서 손끝을 왼손 바닥에 댄다.
만 5	양손을 위에서 모아서 양쪽으로 벌리며 원을 만들어 내린다.	백성 6	양손5, 4를 펴서 세우고 나머지는 접는다. 양손을 마주대었다가 떼면서 흔들며 벌린다.
맞으 7	양손1을 펴서 세우고 나머지는 접고 가운데로 가까이 모은다.	라 8	왼손5를 세우고 오른손1로 왼손5뒤에서 가리킨다.

온 교회 9	양손1로 +를 만들고 양손을 펴서 ∧모양을 만든다.	여! 10	입 옆에서 오른손1,2를 세워서 앞으로 내민다.
다 일어나 11	오른손1, 2를 펴서 눕혔다가 왼손바닥에 거꾸로 올려 세운다.	다 찬양 12	오른손1, 2를 펴서 붙여 약간 구부려 입 앞에서 돼지꼬리 모양을 만들며 앞으로 나간다.
하여라 13	오른손을 주먹 쥐고 왼손목을 두드린다.		

본책에서는 손가락의 번호를 부여하여 사용한다.
엄지= 5, 검지= 1, 장지= 2, 애지= 3, 약지= 4
* 수화에는 조금씩 차이가 있음을 알리며 가능한 이책의 것은 이책 내용으로 알고 사용하십시요.
  현제 교육부에서 표준수화를 정비하여 보급하기 시작했으므로 수화가 통일이 될 것입니다.
* 모든 수화는 특별한 경우 외에 가슴부분에서 사용한다.

3. 큰 기쁨의 좋은 소식(수화)

천사가	오른손1회 이를 가리키고 팔을 좌우로 벌려서 날개짓을 한다.	이르시되	양손1을 입 앞에서 서로 엇갈리며 왕복운동을 한다.
무서워	양손을 펴서 손끝을 약간 구부려서 몸 중앙부분에서 손바닥끼리 마주 치게하여 약간 흔든다.	말라	왼손을 펴놓고 오른손을 세워서 칼질을 하듯 왼손바닥을 내리 친다.
보라	양손 1, 5로 각각 원을 만들어 눈 가까이서 앞으로 내민다.	내가	오른손을 펴서 가슴에 댄다.
온	양손을 펴서 눈 앞에서 모았다가 양쪽으로 벌리 면서 원을 만들며 내려 와서 다시 모은다.	백성에게	양손 4과 5를 펴서 마주 대고 있다가 좌우로 벌려 나간다.

미칠 9	오른손1을 펴서 손끝이 위로 향하게 하여 앞에 내밀었다가 몸쪽으로 당긴다.	큰 10	오른손, 1, 2, 5를 펴서 1은 반구부려서 가슴부분에서 왼쪽에서 오른쪽으로 1회 선을 긋는다.
기쁨 11	양손1과5를 펴서 가슴에서 배부분까지 상하로 왕복 운동 한다.	의 12	양손 1과 5로 고리를 만들어 양쪽끼리 서로 연결한다.
좋은 13	주먹쥔 오른손을 코에다 갖다댄다.	소식을 14	오른손은 1를 펴서 귀에서 좌, 우로 2~3회 움직인다.
너희에게 15	오른손을 펴서 앞에 내밀어 손바닥이 위로 향하게 하여 한바퀴 돌린다.	전하노라. 16	전하 : 양손을 입 앞에서 잡았다가 앞으로 한손씩 튕긴다. 노라 : 오른손을 왼손에 올렸다 내린다.

4. 구주가 나셨으니 (수화)

오늘날	양손을 펴서 손바닥이 아래로 향하게 하여 상하로 2~3회 움직인다.	다섯	주먹쥔 왼손 위에 오른 팔꿈치를 올리고 1번을 펴서 흔든 후에 왼손 2번 손가락에 끼운다.
의	양손 1과 5번 손가락끼리 고리를 만들어 고리끼리 서로 연결한다.	동네에	양손으로 집지붕을 만든 후에 양손을 약간 구부려 아래로 하여 이곳저곳을 살짝살짝 누른다.
구주가	왼손 5를 오른손으로 잡아 올린 후에 양손 1과 5를 펴고 양손 1끼리 서로 엇갈려 얹는	나셨으니	양손을 펴서 배부분에서 아래로 낳는 시늉을 한다.
곧	오른손을 펴서 턱을 살짝 때린다.	그리스도	왼손을 펴놓고 오른손을 펴서 살짝 C 모양으로 편손 위를 한바퀴 돌린다.

주	양손 1과 5를 펴서 서로 엇갈려 1번 손가락끼리 엃는다.	시니라	왼손을 펴서 오른손을 올렸다가 내린다.
9		10	

짧은 콩트 (기다리는 사이에)

① 방 있어요

성탄절 행사를 위하여 열심히 연습하는 많은 교회들 중에 어느 교회에서 일어난 일이다.

연극연습을 열심히 하고 있을 때 그 교회 집사님 한 분이 찾아 오셨다.

이유인 즉 집사님에게 어려서 심한 병을 앓은 지능지수가 낮은 딸이 있었는데, 그 딸이 자기도 교회에서 연극을 하고 싶다고 조른다는 것이었다. 보다 못해 집사님은 선생님께 의뢰를 하려고 조심스레 찾아오신 것이었다.

선생님은 집사님의 마음을 상하게 하지 않으려고 딸을 데려와서 연습을 시켰는데 도저히 할 수 있는 역할이 없었다. 그러다가 대사가 가장 적으면서 쉬운 역을 찾아보니, 여관집 심부름꾼 역이었다. 대사는 "방 없어요"라는 한 마디 뿐이었다. 그 역할도 감당키 힘든 아이여서 열심히 조심스럽게 연습시켜 드디어 발표날이 되었다. 모든 순서를 잘 진행한 후 연극무대를 올렸다. 여관집 문을 두드리는 요셉과 마리아에게 다가가서 "방 없어요"라는 말을 무사히 마치고 돌아서다가 다시 나와서 "아니예요, 방 있어요, 내 방 있어요." 이 말은 모든 사람들에게 웃음을 주고 말았다. 연극 내용은 아니었지만 결코 웃을 수만은 없는 귀한 연극 대본이었다.

"방 없어요"는 연극 대사이지만,
"방 있어요"는 현실이었다.
우리도 이렇게 외치면서 이 추운 겨울을 넉넉하고 훈훈한 성탄절로 맞읍시다.

나하나

② 천국에 가고 싶은 사람?

어느 시골 교회에 예배 시간만 되면 꾸벅꾸벅 조는 집사님 한 분이 있었습니다.

그 집사님은 설교 시간만 시작되면 졸기 때문에 목사님은 여간 신경이 쓰이는 것이 아니였습니다. 조용히 졸면 그냥 못 본척 하겠지만 코를 골기 시작하면 그 소리가 요란하여 설교를 멈춘 간간히 터지는 코고는 소리에 교인들이 서로 웃곤 하였습니다.

목사님은 하루는 부인에게 걱정스러워 말했습니다.

"아니, 농사 일이 아무리 힘들고 고단 하지만 교인들 사이에 산만해져서 안 되겠소. 어떻게든 그 버릇을 고쳐 드려야겠소."

다음 주일 날, 목사님은 다른 때와 같이 설교를 시작하셨는 데, 이 날도 그 집사님은 열심히 코를 골며 자기 시작했습니다.

목사님은,

"자, 천국 가고 싶은 사람은 모두 일어 나시요!"하고 작은 목소리로 이야기 하자 모든 교인들이 일어 났지만 박 집사님은 여전히 졸고 있었습니다.

그 다음에는 "지옥 가고 싶은 사람은?" 여기까지는 작은 목소리로 말하고는, "일어 나시요!"라는 말은 큰 소리로 두번을 반복하자 졸고 있던 집사님은 깜짝 놀라 벌떡 일어나며 "네…"하고 대답했습니다.

이 모습에 온 교인이 까르륵 웃자, 비로소 정신을 차리고 무안해진 집사님은 그 후로부터는 절대로 설교 시간에는 졸지 않았답니다.

③ 일기예보

어느 인디언 마을에 일기예보를 정확히 맞추는 노인이 있었는데, 모든 마을 사람들로부터 존경을 받았습니다.

그 노인 집 앞에 푸른 깃발이 오르면 그날은 틀림없이 날씨가 맑았습니다. 또 횐기가 걸리면 비가 오거나 눈이 왔습니다. 마을 사람들은 그 깃발을 보고 농사를 짓거나 혹은 마을 행사를 하곤 했습니다.

그런데 어느 날, 그 집 앞에 깃발이 걸리지 않아 마을 사람들이 궁금하여 그 집을 찾아가 걱정스러운듯 말했습니다.

"선생님 무슨 일이 있습니까? 오늘은 깃발이 걸리지 않았는 데 무슨 일이 생겼나 걱정 되어 왔습니다."

그러자 노인은 아무일 없다는듯

"글쎄, 지금까지 들어 오던 라디오가 고장이 나서 일기예보를 들을 수가 있어야지. 나도 모르는 데 내가 어떻게 깃발을 걸 수 있겠소!"라고 대답하였습니다.

④ 착한 아이에게

독일에 대 기근이 일어났을 때 일입니다.

거리에는 배고파 우는 사람들로 가득찼고 아이들은 어른보다 배고픈 것을 참지 못해 이곳저곳으로 돌아 다녔습니다.

그런데 어느 부자 집에서는 아침이면 빵을 가득 만들어 놓고 아이들에게 하나씩 나누어 주었습니다.

아이들은 빵을 보자 서로 저마다 큰 빵을 골라 가지고 가자 맨 마지막으로 그레헨라는 소녀가 남았습니다.

그 소녀는 마지막 남은 작은 빵을 들고는 그 부자에게 "감사합니다" 인사를 하고는 집으로 돌아왔습니다.

그 이튿날도 역시 맨 마지막으로 남은 작은 빵을 가지고 집으로 온 그레헨이 어머니와 빵을 나누어 먹기 위해, 두 조각으로 나누어 보니 그 속에는 50센트 은화가 여섯개나 들어 있었습니다.

두 모녀는 깜짝 놀라 그 은화를 손에 들고 "어떻게 할까?" 걱정을 하였습니다.

그리고 원주인에게 돌려 주기로 하였습니다.

그레헨이 그 돈을 가지고 그 부자 할아버지에게 가 그 돈을 내놓으며 사정 이야기를 말씀드리자 그 부자 할아버지는,

"참으로 넌 마음이 정직하고 착하구나. 그 돈은 너처럼 감사할 줄 아는 착한 사람에게 주려고 일부러 빵 속에 넣어 구운 거란다. 그것은 네 것이니까 걱정말고 가지거라"하였습니다. 그리고 빵까지 가득 주었답니다.

잠깐! 퀴즈 시리즈
(극과 극 사이, 복음성가와 기다리는 사이)

1. 기독교 인들이 가장 싫어하는 귀는? (마귀)
2. 인류 최초 패션 디자인은? (하와 — 나뭇잎으로 가렸기 때문에)
3. 만병통치약은? (성경 — 구약, 신약 때문에)
4. 옷 장사가 안 되는 유원지는? (에덴 동산)
5. 사람에게서 태어나서 다시 물고기에게서 태어난 사람은? (요나)
6. 많으면 많을수록 괴롭고 쓴 감은? (죄책감)
7. 노아가 가장 기뻐하며 좋아 했던 개는? (무지개)
8. 기독교 엿장수가 외치는 소리? (병든자여 내게 오라)
9. 미련한 다섯 처녀가 겪어야 했던 파동은? (석유 파동)
10. 교회에서 제일 높은 곳은? (십자가 위에 피뢰침)
11. 세계에서 최초로 제일 잠수를 오래한 사람은? (요나 : 3일)
12. 라보라, 일요일, 다시다는 꺼꾸로 해도 모두 라보라, 일요일, 다시다가 된다. 그러면 쓰레기통을 꺼꾸로 하면 어떻게 될까? (다 쏟아진다)
13. 인류 최초의 베개는? (돌 베개)
14. 자기가 말을 하고도 모르는 것은? (잠꼬대)
15. 메기와 잉어에게는 있는데 붕어에게는 없는 것은? (수염)
16. 코로 만든 옷은? (뜨개질 한 옷)
17. 세계에서 제일 빠른 차는? (첫차)
18. 양은 양인데 호랑이에게 덤비는 양은? (정신 나간 양)
19. 어릴 때는 꾸고, 젊어서는 간직하고, 늙어서는 깨뜨리는 것은? (꿈)
20. 어두울수록 더 잘 보이는 것은? (별)

활동자료

15. 성탄절 창작놀이(I)

생각만 해도 즐거운 성탄절이다. 금년 성탄절에도 카드와 선물이 오고 갈 것이다. 정성과 뜻이 담긴 선물은 추운 겨울을 따스하게 녹여주며 우리들의 마음을 즐겁게 해준다.
「메리 크리스마스」를 크게 외치며 정성되어 맞이하는 성탄절이 되기를 바라는 의미에서 다음과 같은 창작시간을 준비해 보았다.

⊙ 면류관 만들기

목적 : 주님은 이 세상에 왜 오셨을까? 과연 주님의 금면류관을 받을 자는 누구일까?
준비 : 사탕, 껌, 쵸코렛, 철사, 색종이, 풀, 가위, 테프(종이)
방법A : ① 사탕, 껌, 쵸코렛 등을 철사토 묶어 테프를 감아 떨어지거나 움직이지 않게 부착시킨다.
　　　② 색종이로 꽃잎을 오린다.
　　　③ 오려진 잎을 ①번 철사에 붙여 보기좋게 한다.
　　　④ 색종이로 예쁘게 꽃모양을 오려 ①번에 꽂아 받침으로 만든다.
　　　⑤ ①~④번까지 이루어진 모든 것을 보기 좋게 엮어 면류관을 만든다.
방법B : ① 색종이로 여러 개의 꽃모양을 오려 철사에 붙여 꽃을 만든다.
　　　② 반원에 색종이를 여러개 V자 모양으로 붙여 철사에 부착시킨다.

③ 줄기에 꽃잎을 오려 붙인다.
④ ①~③번까지 이루어진 것을 엮어 면류관을 만든다.

⊙ 츄리 만들기(선물용)

목적 : 장식으로만 놓여 있던 츄리를 이제는 선물용으로하여 탁상 위에 올려 놓을 수 있도록 만들자.
준비 : 사탕, 과자, 철사, 라면 박스, 색종이, 가위, 실
방법 : ① 라면박스를 그림과 같이 나무 모양으로 오린다.
② 오려진 나무 위에 푸른 색종이를 붙이든지 혹은 색칠을 하여 나무를 만든다.
③ 만든 나무에 철사로 위에서 아래로 빙빙 감아 내린다.
④ 감겨진 철사 위에 푸른 색종이로 감는다.
⑤ 사탕, 껌, 쵸코렛, 과자 등을 실로 묶어 매어진 철사 위에 매달아 장식한다.
혹은 가족들의 사진을 장식해도 보기좋다(가족사진, 친구사진, 카드).

⊙ 성구 책자 만들기

목적 : 성탄절 멧시지를 많이 알게하고 성경을 읽게하고 암기시키기 위함.
준비 : 성경, 색종이, 싸인펜, 풀, 가위
방법 : ① 성탄절 멧시지를 몇가지 택한다.
② 색종이를 색색으로 묶어 책자를 만든다.
③ 묶어진 책자 속에 아름다운 그림을 곁들여 성구를 기록한다.

⊙ 페난트 만들기

목적 : 전시와 오래 보관할 수 있다.
준비 : 헝겊 혹은 켄트지, 나무젓가락, 예쁜색실(굵은 것), 색종이, 풀, 가위.
방법 : ① 그림과 같은 헝겊 혹은 켄트지를 오려서 윗부분에 나무젓가락으로 예쁘게 붙인다.
② 헝겊이나 켄트지로 만들어진 곳에 예쁘게 장식한다.
③ ①~②로 장식된 것을 실로 묶어 벽에 걸어 둔다거나 카드로 하여 친구에게 선물을 한다.

◉ 싼타클로스 만들기

목적 : 츄리에 장식용 혹은 선물용으로 좋다.
준비 : 계란, 종이컵, 색종이, 솜, 풀, 가위, 실
방법A : ① 종이컵 위에(막힌쪽) 색종이로(빨강) 뾰죽한 모자를 만들어 붙인 후 모자 꼭대기에 둥근 솜을 달아 놓는다.
② 열려진 종이컵 부분에 솜으로 수염을 붙이고 컵을 얼굴로 만들어 그림을 그린다.
③ 만들어신 싼다글토스를 실로 매달아 놓는다.
방법B : ① 계란의 속을 양쪽으로 구멍을 뚫어 빼낸다.
② 빈 계란에 한쪽은 모자를 만들어 씌우고 한쪽에는 수염을 솜으로 붙인다.
③ 계란에 얼굴을 그린 후 실로 매달아 장식한다.

◉ 성경만들기

목적 : 하나님의 말씀을 전파하라는 명령을 받은 모든 사람은 전도해야 한다. 불신자를 신앙인으로 만들자는 데 목적이 있다.
준비 : 빈 성냥갑, 색종이, 가위, 풀
방법 : ① 성냥의 넓은 2면과 좁은 1면에 검정 혹은 예쁜 색종이로

붙인다.
② 나머지 3면을 빨강, 노랑, 은색으로 붙여 성경책을 만든다.
③ 만들어진 책 표지에 성경명을 기록한다 (66권을 만들어 각각 책꽂이에 순서대로 꽂아두면 성경이름 외우기도 쉽고 보기도 아름답다).

⊙ 판넬 만들기

목적 : 성탄절을 알리는 멋진 그림을 전시하고 뜻을 살펴보게 한다.
준비 : ① 나무젓가락을 4각으로 묶은 후 그 위에 두꺼운 종이를 부착시킨다.
② ①위에 그림을 붙인 후 양쪽 가장 자리를 테프로 매끈하게 붙인다.
③ ①~②를 깨끗하고 맑은 셀로판지로 깨끗이 붙인다.

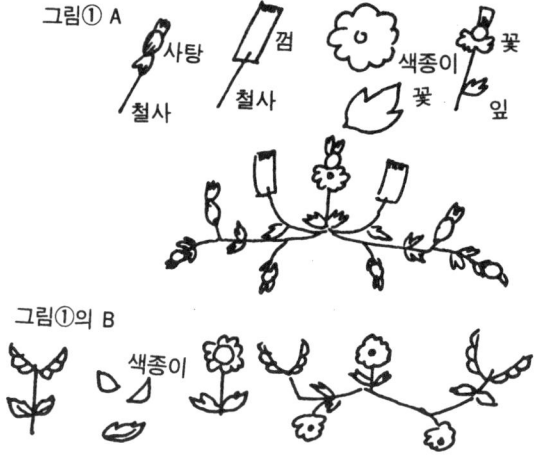

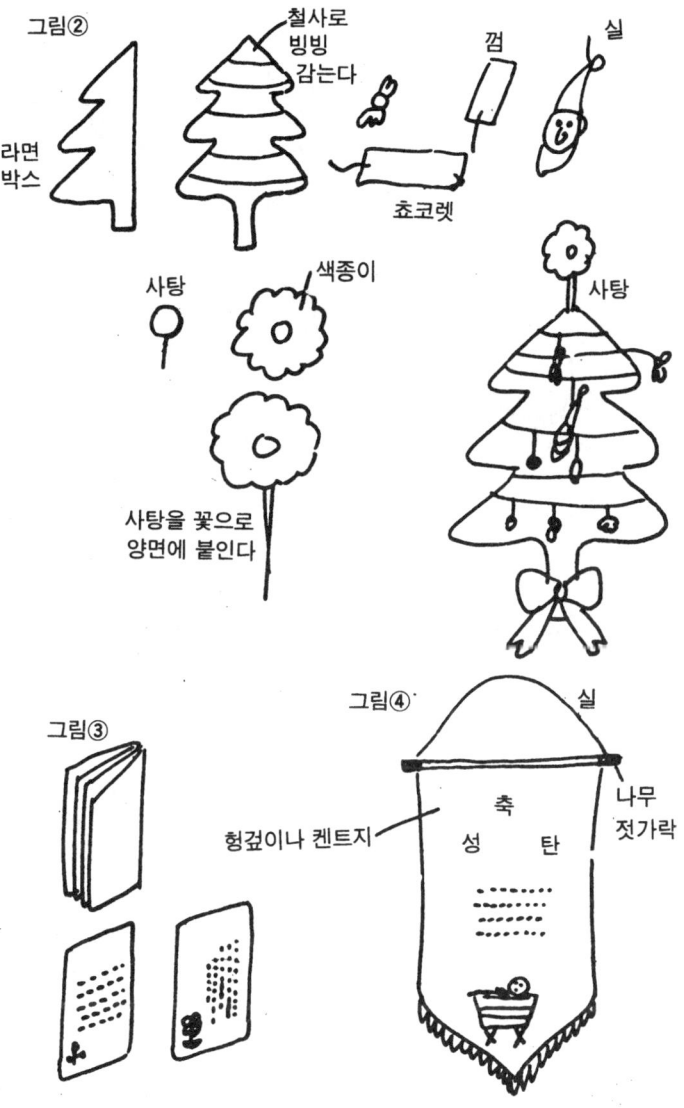

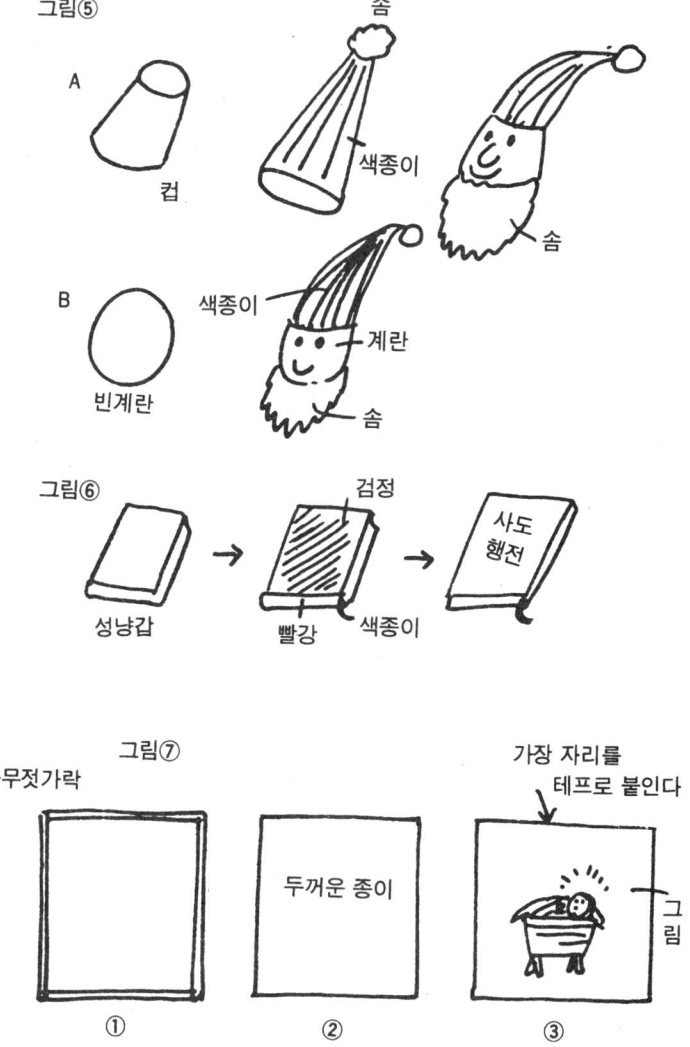

⊙ 새로운 카드 만드는 법

해마다 준비되어 전시하듯 쏟아져 나오는 카드를 생각해 보자.
성서와는 전혀 관계 없는 카드가 많다.
예수님의 나심을 축하하는 성경보다는 예쁜 그림, 꽃 그림, 사진 등을 사용하여 만들어진 크리스마스 카드가 많다.
여러 종류의 가격으로 팔려진 카드는 단 하루의 효과밖에는 누리지 못한다. 받는 기쁨 즉, 나를 기억하여 보내준 사람에 대한 마음 속으로 기쁨이 있는 것이다. 카드가 좋고, 나쁜 것은 생각지도 않는다. 의미 없는 한 장의 카드를 이왕이면 오래 간직하는 방법을 생각해 보자.
정성과 뜻과 내용이 일치되어 오래도록 영원히 간직하며 기뻐할 수 있도록 준비해보자.

준비물 : 손수건, T셔츠, 양말 등
방　법 : 1. 손수건, T셔츠, 양말을 준비한다.
　　　　2. 카드 내용을 생각한다.
　　　　3. 내용을 준비한 물건 위에 기록한다.
　　　　4. 손수건, 옷, 양말을 가지고 다니더라도 언제나 카드를 함께 하는 것이다.
　　　　　카드 내용을 손수건, T셔츠, 양말에 기록한다.
　　　　5. 채흙으로 ♥ □ △를 만들어 성탄내용을 찍어 굽는다.

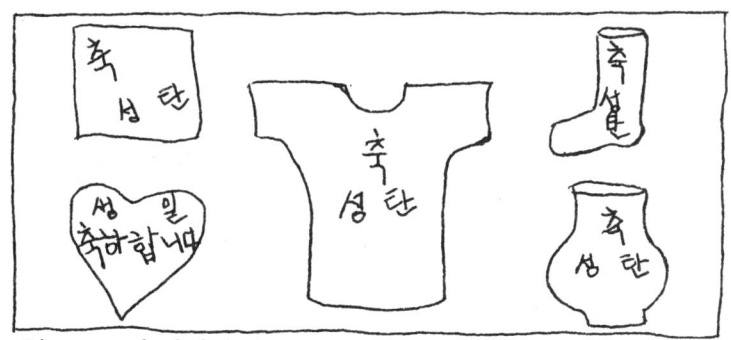

특　징 : 1. 오래 간직할 수 있다.
　　　　2. 선물과 동시에 이루어지므로 절약형이다.
　　　　3. 성경말씀을 기록하는 것도 좋다.

성탄절 창작놀이(Ⅱ) - 색종이 접기

크레파스 미술원장
조영숙

올해는 색다른 장식을 이어보자.
그림을 그려 장식하던 것을 입체감 있게 색종이를 접어 장식해 보자.
색종이를 접어 벽면을 장식하고 색종이대신 포장지 혹은 켄트지를 접어 큰면을 장식하자.
학생, 어른, 교사 함께 모여 접으며 오리며 붙이면 함께하는 성탄장식이 되어 더욱 뜻깊은 날이 되리라 믿는다.

1. 산을 오려 접어 산에는 나무도 오려 접어 심고 솜으로 흰눈도 만든다.

2. 하늘에는 별을 오려 붙인다.
3. 마을에는 교회와 마굿간도 장식하고 동방박사 3사람도 접어서 붙인다.
4. 아기예수도 색종이로 그림과 같이 접어보자.

교회

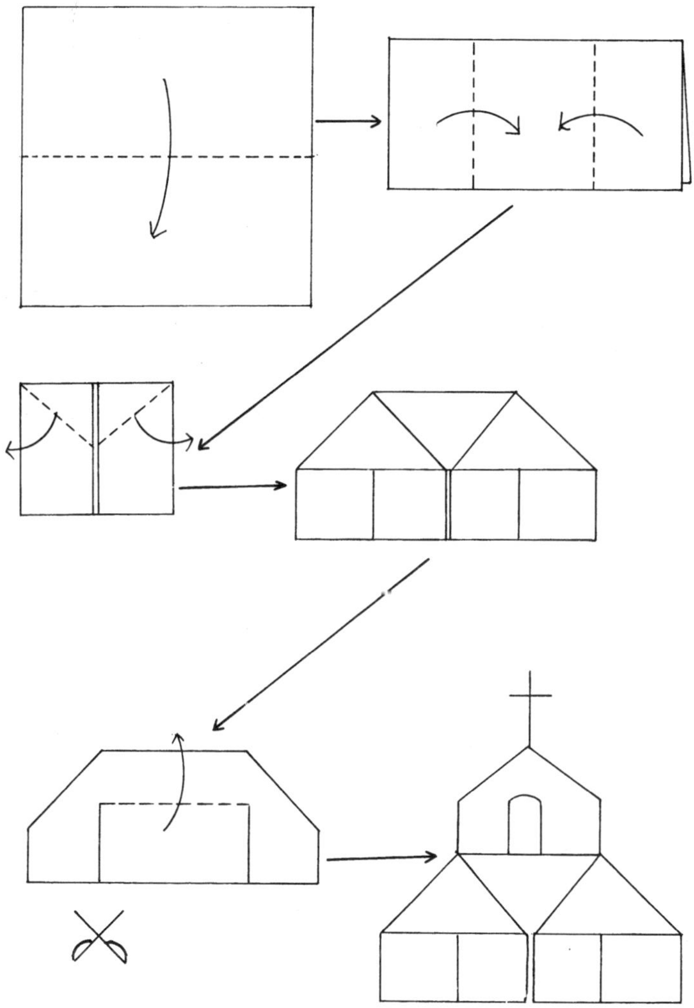

제목   산

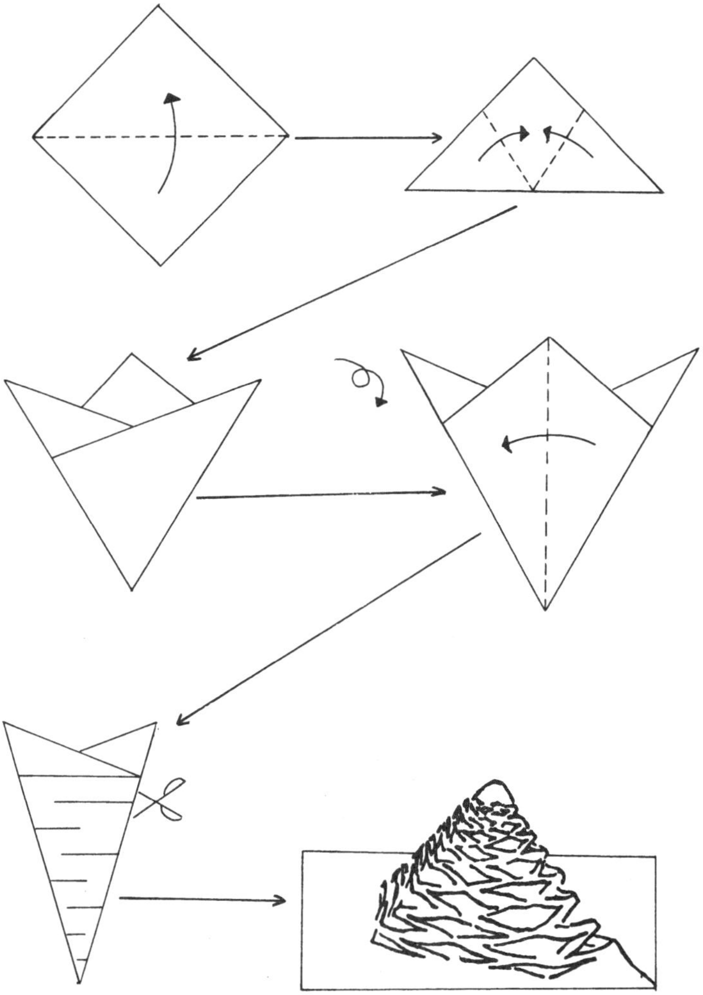

동방박사

(1)

(2)

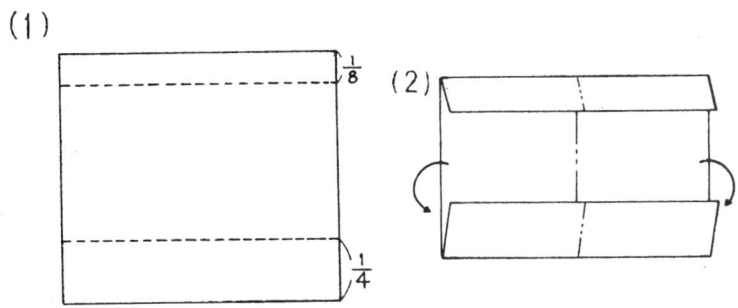

(3)

(4)

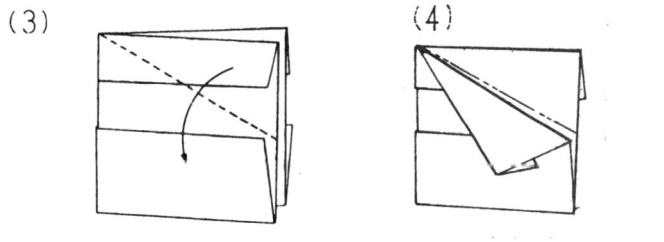

(5)

(6)

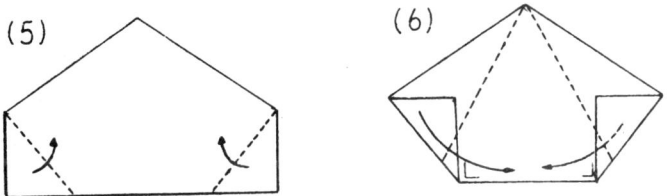

츄리

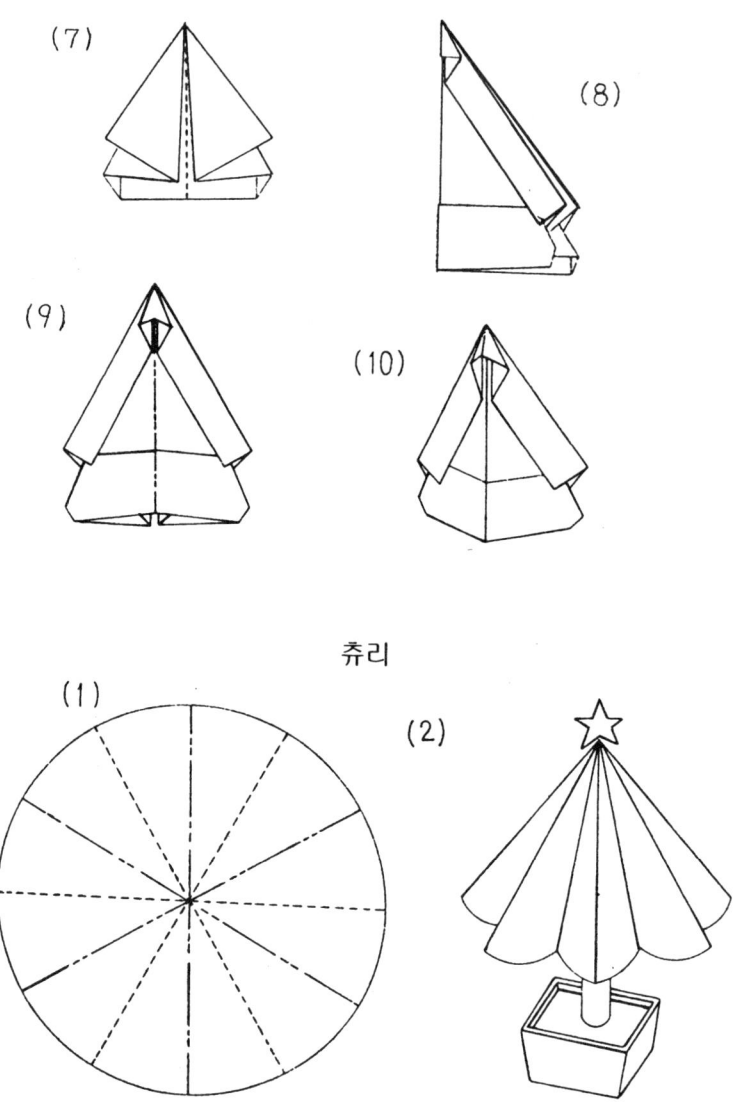

아기 예수와 성모 마리아

(1)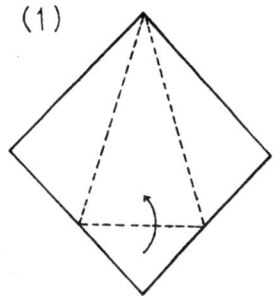

(2)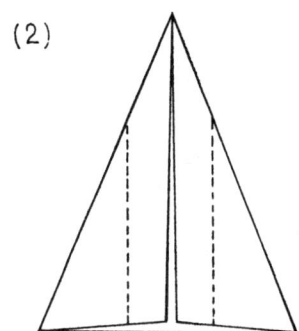

(3)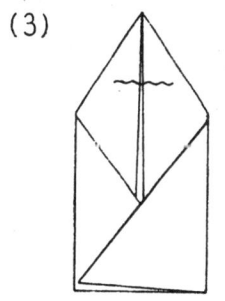

(4)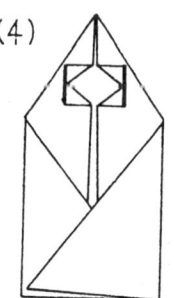

(5)

16. 성탄 장식

해마다 맞이하는 성탄절에 언제부터인가 마음에 느껴지는 것은 마치 인스탄트 식품과 같이 꼭 같은 재료들로 꼭같이 장식되어진 호화로운 분위기와 함께 사치스러운 선물더미와 흥겹게 울려 퍼지는 거리의 물결들이 무엇을 위한 행사이며, 누구를 위한 잔치이며, 이렇게 하는 의미는 무엇인가를 느끼게 했습니다. 이렇게 되어지는 것을 탓하려는 것은 아닙니다. 거리가 화려하고 사치스럽다고 경쟁이나 하듯이 교회에서도 울긋 불긋하게 치장을 하는 것보다는 그 교회 분위기와 실정에 맞도록 교회밖과는 조금 달라야 되지 않겠느냐는 것을 말하고 싶고, 참 성탄절의 의미를 나타낼 수 있는 장식을 하였으면 하는 마음입니다.

그리하여 성탄절의 주인을 찾게 해주고 행사로만, 장식으로만 끝나는 성탄절이 되지 않도록 노력해 보고자 합니다.

1. 벽장식
재료 : 색지, 구지포, 생화나뭇잎, 솜, 옷

〈그림 1〉

지극히 높은 곳에서는 하나님께 영광이요

땅에서는 기뻐하심을 입은 사람들 중에 평화로다

방법 : (그림1)을 장식하려면 구지포와 색지를 어울려 별과 마음을 만든다.

2. 별빛줄기 사이를 성구로 장식한다 (눅 2:11~14, 눅 2:6, 눅 2:12, 눅 2:11).

3. (그림2) 구지포와 색지를 이용하여 상징적인 그림을 표현해 보았다.

4. (그림3) 색지와 구지포와 헌 물건을 이용하여 붙이고, 그리고 꽂고, 만들어서 의미깊고 내용있는 장식을 표현해 보았다.

5. 촛대는 구지포를 이용하여 실지와 같이 만드는 것이 좋다.

6. 나뭇잎은 가지가 있는 상록수를 택하여 붙이기 쉽게 테이프 벽면에 부착시킨다. 입체감이 있어 흥미롭고 생동감을 줄 수 있다.

7. 해마다 장식하던 고정적인 관념을 깨뜨리기는 힘들지만 모양은 조금 없고 아름답지는 않더라도 의미있는 장식이라면 해 볼 수 있으리라 믿는다.

2. 작은벽면장식 I

재료 : 구지포, 색지, 리본 등등
방법 : 1) 커다란 별을 구지포로 만든다.

2) 색지와 리본을 이용하여 별빛 줄기를 예쁘게 배치 토록 장식한다.
3) 별 안에 구유를 그리면 더욱 돋보인다.
4) 별빛 줄기 사이사이에 성구를 기록하면 더욱 의미가 있다.
예) 마 2:11, 눅 2:13, 눅2:16, 눅 2:8, 눅 2:20

2) 그림2와 같은 그림을 솜이나 혹은 은박지를 구겨서 모양을 만드는 방법이 있다.
3) 그림을 그려서 그림 부분을 오려낸 공간을 벽면에 부착하여 그림이 벽면 그대로에게 보여지는 방법도 있다.
4) 그림을 그려서 오려낸 후 빈부분 뒷면에 다른 색지나 구지포를 받쳐서 그림을 나타내 보이는 방법도 있다.

〈그림 1〉

〈그림 2〉

작은 벽면장식 II

재료 : 구지포, 색지, 은박지, 솜.
방법 : 1) 그림2와 같은 그림을 구지포로 오려서 그리는 방법이 있다.

작은 벽면장식 III

재료 : 구지포, 꽃가지, 리본
방법 : 1) 그림3을 보면서 촛불은

구지포를 이용하여 벽면
에 부착 시킨다.
2) 촛불 밑으로 나뭇잎을
얼기설기 테프를 사용하
여 부착시킨다.
3) 완성된 후 리본으로 아름
답게 장식한다.

3. 촛불장식

재료 : 커다란 색초, 조화, 꽃가지,
초받침, 고장난 선풍기 뚜껑
한 면.

〈그림 2〉

〈그림 1〉

〈그림 3〉

방법 : 1) 그림1, 2와 같이 초를
아름답게 적당한 거리에
고정시킨다.
2) 초를 세운 후 그 주위를
나무가지와 조화를 곁들
여 아름답게 장식한다.

3) 적당히 조화를 두어 장식
한 후 리본을 둥글게
둘러 돋보이게 한다.
4) 선풍기 뚜껑을 한 곳에
놓고 그 위에 보이지

않도록 철사 틈 사이로 꽃가지와 꽃을 골고루 끼우고 세우며 꽃꽂이를 한다.
5) 선풍기 뚜껑 가운데 커다란 초를 세워 불을 밝힌다.
6) 선풍기 철사 틈 사이로 리본을 얼기설기 엮어 예쁘게 장식한다.

다.
3) 철사를 휘어 무지개형을 만든다.

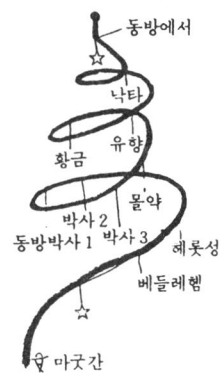

성지리모빌

4. 모빌만들기

재료 : 철사, 리본, 나이롱실, 구지포, 색지, 테프 등등
방법 : 1) 성탄을 뜻하는 그림을 오려도 좋고 만들어도 좋다.
예) 별, 황금, 유향, 몰약, 구유, 동방박사, 베들레헴 등등
2) 철사를 길 모양으로 구부린 후 리본으로 예쁘게 감아 가까운 곳에서 먼곳까지를 한눈에 보게하여 동방에서 부터 베들레헴까지 찾아오는 동방박사의 행로를 차례로 나열하여 성지기 모빌을 만든

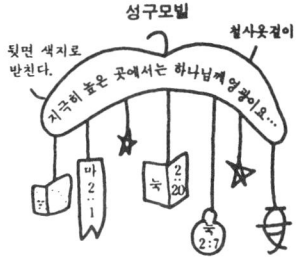

4) 성탄을 알리는 성구를 두루마리 혹은 쪽복음을 만들어 무지개형 철사에 매어단다.
5) 완성된 후 얕은 천정이나 혹은 들어가는 입구에 부착시킴이 좋다.

5. 성구츄리만들기

재료 : 성냥갑, 색종이, 실.
방법 : 1) 교회 안에 준비되어 있는 화분을 선정한다.
2) 성냥갑을 이용하여 검은 종이와 붉은 종이 혹은 각 아름다운 색종이를 준비하여 성경과 찬송가를 만든다.
3) 만들어진 책 겉표지에 찬송가 제목과 성구를 기록한다(성탄을 위한 찬송과 성구라야 한다).
4) 모두 완성된 후 실로 매어 화분 꽃가지 위에 성탄 츄리를 만든다. 여기에 약간 다른 장식을 하여도 무관하다.

6. 카드 츄리만들기

재료 : 카드, 물감, 테프, 솜.
방법 : 1) 커다란 종이 위에 나무를 그린다.
2) 완성된 그림 위에 지난해 카드를 크기와 색깔로 나누어 아름답게 부착시켜서 그림을 장식한다.
3) 지난 카드이기에 읽어 보면서 다시 생각할 수도 있고 잊었던 친구도 생각할 수가 있다.
4) 완성시킨 후 유치부실 혹은 외면된 벽면에 부착시킨다.

7. 기둥을 이용한 츄리

재료 : 검은 색 고무줄, 소나무 가지, 장식용재료 갖가지, 솜, 라면상자
방법 : 1) 기둥에 고무줄로 빙빙 돌려 감는다.
2) 감겨진 고무줄 사이로 소나무 가지를 끼워 나무 형태를 갖춘다.
3) 나무모양으로 가지를 끼운 후 그 위에 여러가지 장식을 한다. 솜, 별,

깜빡이 등.
4) 기둥 밑부분을 라면상자로 화분을 만들어 밑부분을 가린다.
5) 기둥 밑부분에 선물상자를 쌓아 놓는 것도 좋은 장식이 된다.

8. 선물함

지금까지 우리는 선물을 이웃이나 친구 혹은 직장에서의 서로 오고 가는 것으로 그쳤다. 아니면 일년에 한 번쯤 찾아가는 불우이웃 방문에 그치기도 했다. 올해는 어린이들에게도, 교우들에게도 참 선물의 의미를 알게해 주자. 그것은 예수님이 우리에게 베풀어 주신 그 사랑의 선물을 알게 해주는 뜻에서 들어오는 입구에 "사랑의 선물함"을 만들어보자. 사랑의 선물함 모양은 자유로 만들어도 좋지만 예수님이 태어나신 구유형태를 갖추었으면 더욱 의미 있으리라 생각한다. 그리하여 교회에 들어 오면서 빈손으로가 아닌 정성된 선물을 준비하여 선물함에 넣어 예수님께 바쳐진다면 우리의 모든 선물이 예수님께로부터 왔음을 깨달을 수 있을 것같다. 선물이란 알 게 될 때 곧 예수님의 사랑을 알게 될 것 같다.

올해는 주인을 바로 알고 행사를 행사로가 아닌 진정한 의미의 성탄절을 맞았으면한다. 별로 화려하게 장식하지는 못했어도 한가지를 보고서도 성탄절의 참 주인을 찾아 축하할 수 있는 성탄장식을 생각하자.

그 옛날 초라했던 마굿간이지만 그 곳에 오신 이는 결코 초라한 분이 아니셨던 것처럼 장식만이 화려한 것보다는 그날에 주인이 꼭 필요한 자리가 되도록 마음과 정성과 기쁨이 곁들여 함께 모여서 장식하며 생각하는 자리가 되었으면 합니다.

17. 성탄 극 시리즈

부모들이 보여주는 극

놀 부 전

등장인물 : 놀부, 놀부부인, 흥부, 흥부부인, 마당쇠, 흥부아이들, 목사님, 동네사람들

제 1 막

마당쇠가 노래 부르며 힘차게 마당을 쓸고 있다.
이때 놀부가 마루에 서서 마당쇠를 향하여

놀   부 : 야, 이놈아! 빗자루질을 어떻게 그렇게 하노.
           밖으로 쓸어야지 안으로 쓸면 우짜노.
마 낭 쇠 : 주인마님, 뭐 무슨 말씀을 그리 하신다요?
           밖으로 쓸면 복이 나간다는말 모르는기요?
놀   부 : 그래? 그라문 안으로 팍팍 쓸래이.
마 당 쇠 : (신이 난 듯이)알았지 애. 이자부터 팍팍 안으로
           쓸기니께 어르신네 좀 비켜주시라요.

(비를 잡고 힘있게 안을 쓸어 드린다)

놀   부 : 야야! 이 놈으 아이야. 천천히 좀 하래이.
마 당 쇠 : 좀 비키시소. 안으로 복이 들어간다요.
           (먼지 때문에 놀부는 할 수 없이 도망간다.)
           와~ 기분좋데이. 놀부 영감 혼좀 났을끼라. 복이

　　　　라면 무작정 좋아서…

(이때 흥부와 흥부부인이 들어온다)

마 당 쇠 : 안녕하셨습니꺼. 우예 오셨능겨?
흥　　부 : 그래 잘 지냈노? 주인어르신 어디 가셨나?
마 당 쇠 : 아입니다. 안에 계십니다.
　　　　　잠깐 기다리시소. 내사 여쭙겠십니더.

(이때 안에서 소리가 난다)

놀　　부 : 마당쇠야! 와이리 밖이 소란한가?
마 당 쇠 : 네, 흥부나리 오셨습니더.
놀　　부 : 뭐라꼬? 누가 왔다고? 흥부?
마 당 쇠 : 네.
흥　　부 : 형님 저희들 왔습니다. 그간 안녕하셨는지요?
놀　　부 : 그래, 뭐 땜에 왔노? 내 돈 없데이… .
흥　　부 : 아닙니더. 돈 빌리러 온거 아닙니다.
놀　　부 : 그래? 그라문 안심이고….
놀 부 처 : 후딱 말해 보래이. 시간 없데이.
흥 부 처 : 다름 아니라 형님 우리 함께 교회 가입시더.
놀 부 처 : 뭐? 교회?
놀　　부 : 시끄럽데이. 할 일 없는 놈들이 가는 곳이지. 우리가 뭐 하러 가노. 니도 그라니께 그리 가난하제이. 밥을 주노, 돈을 주노.
흥　　부 : 형님 그러지 마시고 우리와 함께 가입시더.
놀 부 처 : 필요 없데이. 우리가 와 거길 가노.
흥 부 처 : 참 좋습니다. 맘이 평안하데요.
놀 부 처 : 뭐라꼬?

(이때 밖에서 찬송소리가 들린다)

흥부아이들 : 큰아버지얘, 안녕하셨습니꺼?
　　　　　　큰엄마얘, 평안하셨습니꺼?
놀 부 처 : 니들은 와 왔노?
흥부아이들 : 교회갈라꼬 왔습니더.
　　　　　　큰엄마얘, 함께 가입시더.
놀　　부 : (뛰어 나오며) 교회가면 뭐 주노?
흥부아이들 : 큰아버지얘, 줍니더. 진짜 줍니더.
놀　　부 : 뭘 주노? 쌀? 돈?
흥부아이들 : 아입니더. 그것보다 더 좋은 것 줍니더.
놀 부 처 : 그래 뭐꼬? 공짜가?
흥부아이들 : 네 공짜인기라얘. 돈 안내도 준다얘.
놀　　부 : 그게 뭐꼬?
흥부아이들 : 세례줍니더. 그리고 구원도 받습니더.
놀　　부 : 세례? 구원?
놀 부 처 : 여보, 우리도 가서 받아 옵시더. 많이 받아 옵시더.
흥부아이들 : 그라문 큰엄니도 큰아버지도 함께 가는 거지얘.
흥　　부 : 형님 정말입니더. 교회 가실껍니꺼?
놀　　부 : 공짜로 세례 준다며? 구원도 준다며?
흥 부 처 : 맞십니더. 우리도 받을끼라얘.
놀부, 놀부처 : 그래 그라문 함께 가재이….

제 2 막

놀부, 놀부처 : (그릇과 자루를 움켜잡고 부끄러운 듯 주위를 두리번 거린다.)

놀 부 처 : 여보 다른 사람들은 아무것도 안들고 왔는기라
애. 그릇에 담는게 아닌가 봄네 애.
놀   부 : 아냐, 그릇에 안 담으면 어디다 주노. 잘 가져왔
데이 두고 보래이. 모두 우리가 담아 가재이:

(교회 안에서 찬송소리 들리며 사람들은 교회 안으로 들어
간다)

흥부아이들 : 큰아버지애, 와 거기 서 있는겨?
어서 들오 오시소. 큰엄니도애.
놀   부 : 응~ 그래.
놀 부 처 : 우짜노, 부끄러워 우짜노.
놀   부 : 부끄럽긴 뭐가 부끄럽노?

(망설이는 두 사람을 향해 함박 웃는 목사님이 나오신다.)
목 사 님 : 어서들 오십시오. 반갑습니다. 감사합니다. 놀부
어르신 내외가 교회를 찾아주시니 하나님께서는
정말 기뻐하실 것입니다.

(놀부, 놀부처 주저하면서 의자에 앉는다)

놀 부 처 : 여보, 이 그릇 우짜지요?
놀   부 : 꼭 쥐고 있으래이. 잊아뿌리면 손해래이.
흥부아이들 : 큰 엄니 그게 뭔기요? 그 그릇 말이래요.
놀   부 : 와 니들이 그랬잖노. 세례와 구원 준다고 그래
여기다 받아갈라고 가져 왔데이. 가득 담아 다
오.
흥부아이들 : (어이없는듯) 큰엄니 세례는 그릇에 담아가는

　　　　　　　게 아니라요.
놀 부 처 : 그라문 어디에 담노?
흥부아이들 : 그릇에 담는 것이 아니라 마음에 담는 거라요.
　　　　　　　죄를 용서 받는 거라요. 그리고 용서받고 하늘
　　　　　　　나라 가는 징표라얘.
놀 부 처 : 뭐라꼬? 하늘나라?

(이때 목사님이 오신다)

놀 부 처 : 어서 감추이소.

(그릇과 자루를 뒤로 숨긴다)

목 사 님 : 그것이 무엇입니까?
놀　　부 : 아니라요. 목사님! 시장갈라고 가져온 거라요.
목 사 님 : 네~ 그러면 예배 마친 후에 우리 함께 식사하십
　　　　　　시더
놀　　부 : 예~ 고맙습니더. 그리 하겠습니더.
놀 부 처 : (쿡쿡 찌르며)저도 함께 해도 됩니꺼?
목 사 님 : 그럼요. 함께 하십시더.
　　　　　　우리 교인 전부 함께 합니다.
흥 부 처 : 형님! 우리와 함께 여기 앉읍시다.
놀 부 처 : 동서! 그래 이렇게 같이 앉아 보기도 참 오랜만
　　　　　　이네.
　　　　　　교회가 좋긴 좋구마.

(함께 예배를 드린다)

놀부, 놀부처, 흥부, 흥부처, 흥부아이들, 목사님 함께 손을 잡고 찬송을 부른다.

구주의 별

○ **목적**
요즈음 세상 사람들의 신앙태도를 말하고 싶다. 하는 일은 없으면서 대접은 받고자 한다. 싫은 일은 남에게 시키고 좋고 귀한 것은 자기의 것으로 만들고자 하는 사람들의 신앙과 낮고 천한 자리를 서슴없이 가고자 하는 신앙인을 말하고 싶다.

○ **나오는 사람**
천사장, 명왕성, 해왕성, 천왕성, 토성, 목성, 화성, 금성, 수성, 혜성, 견우, 직녀, 성가대

○ **무대**
어두운 밤 배경

천사장 : 사랑이 풍성하신 여호와 하나님께서 인간을 위하여 사랑의 독생자 임마누엘 구주를 세상에 보내시게 되었으니 어둠은 물러가고 영광은 만민 위에 나타나 온 세상에 찬송소리는 울려퍼지고, 세례 요한은 그의 길을 예비하러 나갔건만 어두운 밤 하늘에 높이 떠 메시야가 탄생하심을 온 세상 만민에게 알려줄 찬란한 구주의 별은 누가 될 것인가?

천사장의 독창

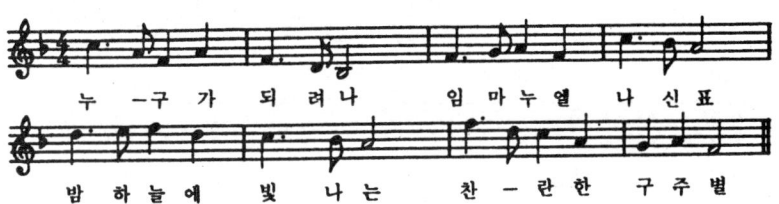

독창이 끝나자 명왕성을 선두로 하여 춤추며 등장한다.

(명왕성)을 선두로 하여

각 별은 한줄로 섰다가 자기 차례가 되면 한 발자욱씩 나서며 말을 한다.

명왕성 : 아니 웬일들이야, 우주공간에 널려있는 모든 항성들이 이렇게 한 자리에 모였으니 도대체 웬일이야?

수　성 : 웬일이냐니? 뻔한 것 아닌가? 제가끔 구주의 별이 되려고 모여든게 아닌가?

금　성 : 구주의 별은 하나만 뽑는다는데 이렇게 많이 모였으니 어떡하니, 그러니까 각자가 자기 판단을 해서 자격없는 양반은 망신 당하기 전에 슬쩍 빠져감이 어때?

혜　성 : 흥, 너나 빠지렴. 나는 자신이 든든한 걸.

화　성 : 얘들아, 이렇게 싸울 것 없이 여기 여러분들이 많이 모였으니 우리 각자 자기의 장점을 얘기해서 누가 자격이 있는지 없는지 판단해 보자.

일　동 : 그게 좋겠다.

명왕성 : 저는 명왕성인데 비록 몸집은 작지마는 해를 중심으로 도는 별 중 제일 밖에 있고, 제일 먼 곳에 있는 별로서 이번에 구주나신 것을 세상에 전파하는 별이 되고자 먼 길을 멀다 않고 이렇게 찾아 왔으니 이 정성이야말로 아름답지 않습니까?
　　　　저는 비록 몸은 작고 힘은 약해 보이지만, 여러분 우주를 한 바퀴 휘 도는데 248년이라는 긴 날들을 쉬잖고 돌아간답니다. 적어도 매운 고추알 같은 자격이 있지요.
혜　성 : 음, 그래. 그러면 너는 누구에게 가서 빛을 전하려느냐?
명왕성 : 나는 제일 먼 곳, 제일 높은 곳에서 왔으니까 나는 인간세계에 있어서는 제일 높고, 제일 훌륭한 임금님을 찾아가서 구주 나심을 일러 줄테야(일동 고개를 끄덕인다).
해왕성 : 나는 해왕성인데 태양을 중심으로 하여 돌아가는 별 중 8번째 밖에 있는 별로서 크기도 지구 직경의 3배나 되고 명왕성에게 쫓기지 않으리 만큼 제일 멀리 우주를 돌아다니고 있지. 그리고 부하 별도 하나 있으니까 구주의 별은 내가 되겠지?
명왕성 : 그래. 그러면 너는 누구에게 가서 전할테냐?
해왕성 : 나는 해왕성인 아는 것이 많고 도량도 깊어 이 세상 나라정치를 잘하는 고관대리들을 찾아가서 구주

나심을 전파할테야(일동 고개짓한다).

천왕성 : 나는 천왕성인데 태양을 중심으로 하여 돌아다니는 별 중 7번째 밖에 있는 별로서 크기도 해왕성보다 더 크고 부하별도 3개나 있고, 이 세상에 천문학자들이 별을 찾을 때 나를 제일 먼저 찾을 수 있기 때문에 아마 구주의 별은 내가 되겠지?

명왕성 : 그래 그러면 너는 누구에게 가서 전할테니?

천왕성 : 나는 천왕성이다. 나는 인간세계에서 가장 권리있고, 힘있는 재산가에게 가서 구주나심을 전파하련다. 인간 세계에서는 황금이 제일이니까(일동 고개 끄덕~).

수 성 : 나는 수성이요. 제일 작은 별이지만 혜성과는 제일 친한 별이다. 그리고 태양을 중심으로 하여 도는 별중 제일 안쪽에 있는 별이기 때문에 8대 행성들을 인간들이 꼽을 때 나를 제일 먼저 셉니다. 또 나를 호진성이라고도 하여 3~4월 경에는 인간의 초저녁 별로서 나타나며, 9~10월 경에는 새벽별로 나타납니다. 또는 부지런하여 일년에 4번씩이나 햇님의 뜨거운 사랑을 제일 많이 받고 있으니 아마 구주의 별은 제가 되겠죠.

천왕성 : 그래 너는 누구에게 가겠느냐?

수 성 : 나는 수성이요. 맑은 물같은 양심을 갖고 흐르는 물같이 쉬지 않고, 진리를 탐구하는 학자들을 찾아

가서 주의 나심을 전하겠습니다(일동 고개를 끄덕인다).

금　성 : 저는 금성이지요. 태양불이 둘째번으로 돌아가는 별이며, 여름철엔 초저녁 별로 산머리에 나타나 일하고 늦게 돌아오는 농사꾼들의 등불이 되고요. 겨울철엔 새벽별로서 동편 산머리 위에 나타나 일찍 길 떠나는 나그네의 길벗이 되오니 새벽별 같이 빛날 구주의 별은 제가 되겠지요.

수　성 : 그러면, 너는 누구에게 전할테니?

금　성 : 나는 금성인데, 겨울엔 계명성, 여름엔 장명성으로 이름을 날리는 인간의 예술가들을 찾아가서 구주나심을 전파하겠어(일동 고개 끄덕인다).

화　성 : 나는 화성이다. 태양을 중심으로 돌아가는 별중 4번째 있는 별로서 크기는 지구만한데 인간들은 나 화성에서 생물이 살아있는 것을 주장하고, 내가 있는 곳에 한번 와 보기를 애쓰고 있단다. 인간들이 와 보고 싶어하는 화성이야 말로 구주의 별이 될 자격이 있지?

금　성 : 그러면, 너는 누구에게 가서 빛을 전하려느냐?

화　성 : 나는 화성인데 인간이 나면서부터 불과 같이 피가 끓는 대장을 원하고 있단다. 이러한 애국의 대장이 적진을 물리치고 나가는 용감한 대장을 찾아서 구주나심을 전하겠어.

혜　성 : 나는 혜성, 너희들과 같이 8대 행성에 들지는 않지만, 내가 수 십년에 한번씩 인간 세상에 나타나 보일 때는 인간들은 무슨 일이나 생길까 하여 떨며 두려워하고 있다. 그리하여 거의 인간들도 저희들 중에 특별한 사람이 나타나 특별한 일을 행할 때는 인간들은 말하기를 혜성과 같이 나타난 분이라고 떠들어 댄다. 그러므로 혜성 같이 나타날 구세주를 위한 구주의 별은 당연 내가 아닐까?

화　성 : 그러면 너는 누구에게 가서 전할테니?

혜　성 : 나는 지혜의 별 혜성인지라 인간의 숨은 지혜와 우주 간에 잠자는 진리를 탐구하는 과학자들을 찾아가서 구주나심을 전파할테야.

명왕성 : 자, 다들 얘기했지?

수　성 : 이제 끝으로 토성과 목성이 남아 있어요.

명왕성 : 그럼 어서 얘기해요. 잠자코 있지 말고.

혜　성 : 몸집은 크지만 자랑할 건데기가 없는게로군.

명왕성 : 시간가는데 어서 얘기해요.

토　성 : 저는 토성입니다. 팔대행성 중 6번째로 돌아가는 별로서 크기는 지구 직경에 10배나 되고, 또 보시는 바와 같이 아름다운 제 꼬리가 10개의 부하별을 거느리고 있답니다.

혜　성 : 그러면 누구에게 전할래요?

토　성 : 제가 무슨 구주의 별이 되겠습니까만서도 만일 구주의 별이 된다면 저…

혜 성 : 그러면 누구에게 전할래요?

토 성 : 구주의 별이 될 수 있다면, 가난한 사람, 병든 사람을 찾아서 구주의 나심을 전하겠습니다.

천왕성 : 뭐요? 가난한 사람, 병든사람을 찾아간다고요? 정말로 당신 체격과 이름과는 정반대로 말하는군요. ~그 까짓 것들 한테 찾아 가려면 구주의 별이 되지 않아도 얼마든지 마음대로 찾아갈 수 있답니다.

명왕성 : 토성 양반은 우리들 중에서 자기가 자칭해서 멍텅구리 바보라는 군요.

일 동 : 하하하하~ (토성 고개 숙인다.)

혜 성 : 자, 이번에는 목성양반의 포부를 들어봅시다.

목 성 : 저는 팔대행성 중에 큰 별로서 지구의 1,812배나 되고, 부하별 9개를 갖고 있습니다. 그 중에는 달보다 3~4배나 되는 별도 있습니다. 또는 스스로 제일 빨리 돌아가는 별로서 한 번 도는 시간은 겨우 9시간밖에 안 걸린답니다.

그런데 만약 제가 구주의 별이 된다면 인간 세계에서 죄를 지은 사람과 쓰러져 고생하는 가없는 사람들을 찾아서 구주의 나심을 전하겠습니다.

명왕성 : 뭐요? 죄인을요? 당신은 토성보다 더 멋있는 분이구료. 몸집은 제일 크고 부하별도 많이 가진 양반이

무슨 말을 못해서 그 따위 소리를 하고 있소. 말도 안돼요. 아깝소 아까워(목성 고개 숙인다).

혜 성 : 보자하니 토성양반과 목성양반은 우리 별들의 위신과 전능하신 하나님의 영광을 모독하는 반동분자니까 우리 하늘나라에서 쫓아냅시다.

금 성 : 그렇게 할 권리는 우리에게는 없으니까 우리는 즐겁게 노래나 부릅시다.

일 동 : 그럽시다.

각별은 자기의 노래를 부르며 나서고 합창이 끝날때 견우 직녀 각각 자기의 노래를 부르며 아래위로 등장.

(직녀별) 슬프게

나도 나도 껴주세 요 당신네— 들 놀— 음 에

(견우별)

나도 나도 너주세 요 당신네— 들 놀— 음— 에

(별들의 합창)

너 희들은   너 희들은   누구인지 애기하게 애 기하게

견　우 : 우리들은 부모말씀 듣지않고 집을 나왔습니다. 산 넘고 물 건너 돌아다니며 즐겁게 뛰어놀다가 이제 여기까지 왔습니다.

직　녀 : 우리의 꿈은 다 사라지고 남은 건 병든 이 몸 뿐 입니다(토성, 목성을 제한 나머지 별들의 노래).

안된다 안된다 죄를지어 쫓겨난 너희들은 안된다 안된다 안된다

토 성 : 여러 친구들이여, 그러지 말고 우리 함께 환영하여 같이 놉시다.

목 성 : 그럽시다. 불쌍한 친구를 쫓아버리면 이들은 어디로 가요. 갈 곳이 없잖아요?

(별들의 노래) 토성, 목성에게 손가락질 하면서

하하하하 정말 미쳤네 하하하하 정말 미쳤네
토성목성 정말로 하하하하 미쳤네
하하하하 정말미쳤네 정말미쳤네

이때 멀리서 종소리가 울리며 찬송소리가 들린다.

수 성 : 어서 갑시다. 우릴 부르는 저 종소리 따라…
견 우 : 우리도 가요. 사랑의 하나님이 우리들도 오래요.
혜 성 : 애들아. 너희들은 가지마. 그런 거지꼴을 하고 어딜 쫓아 오니?
토 성 : 그러지 마요. 불쌍한 저 친구들 괄세하지 말아요. 도와줍시다.
목 성 : 그래요. 함께 갑시다. 이웃으로 바꿔 입어요(견우, 직녀에게 옷을 벗어준다).
금 성 : 애, 누가 그러면 너 잘 한다고 할 줄 아니? 왜 그러니? 왜 그래?
토성·목성 : 염려하지 말아요. 견우님, 직녀님
견 우 : 감사합니다(옷을 벗는다).
직 녀 : 감사합니다(옷을 벗는다).

(천사로 변한다. 이때 천사장이 나타난다)

천사장 : 높고 높은 하늘 영광 모두 버리고, 이 세상에 오신 분은 말구유에 오셔서 가난하고, 병든 외로운 자를 위하여 오신 분입니다. 하나님께서는 여러 별들 중에서 토성, 목성을 택하시어 그를 알려주는 구주의 별로 택하셨습니다.
　그의 영광을 위하여 모두 함께 찬양합시다. 구주의 별 토성, 목성이 어서 가서 질병과 고통 속에서

헤매는 사람들에게 가서 구주나심을 전하거라.

천사장의 소리가 끝나고 우렁차고도 기쁜, 아 기뻐라, 주 오셨네, 성가의 찬양이 크게 들린다. 모두 함께 노래 부른다.

나는 왕이로소이다

- **내용** : 삿 9 : 8~15
- **등장인물** : 참나무, 소나무, 감람나무, 포도나무, 무화과나무, 가시나무, 아카시아나무, 사과나무, 감나무

제 1 막

무대 : 나무가 울창한 숲으로 장식한다.
(녹음기 속에 새소리, 물소리를 곁들여 놓으면 매우 좋다)

나무들이 모여 웅성거린다.

참나무 : 여러분! 우리 왕을 뽑읍시다.
소나무 : 정말이예요, 우리를 지키고 다스려주는 왕이 우리에게 필요해요. 우리들의 왕이…
사과나무 : 나도 그런 생각을 했는데…
감나무 : 의견이 일치 되는걸 보니 우리 생각합시다. 누가 좋을까? 너희들 생각해 봤니?
소나무 : 아니 이제부터 생각해 보자.
참나무 : 나는 생각했지만 그래도 다시 신중히 생각해 보자. 우리에게 꼭 필요한 그런 왕을 뽑자.
(모두 골똘히 생각하는 모습한다.)

참나무 : 너희들 감람나무님 어떠니?
나는 그 감람나무가 참 좋더라. 생기기도 잘 생기고 체격도 크고 또 이름도 둘씩 가지고 있잖아.
소나무 : 그 이름이 무엇인데?…
참나무 : 너 모르니? 올리브 나무라 그러잖아. 이스라엘 나라 꽃이야. 유명해 아주…

소나무 : 너 참 똑똑하구나. 네가 그렇게 자랑하고 존경하는 걸 보니
 틀림없다. 우리들의 왕으로 모시러 가자.
사과나무 : 그래 한번 간곡히 부탁해 보자.

(모두 감람나무를 찾아 간다.)

제 2 막

무대 :   감람나무를 많이 그려 놓는다.

아카시아 : 감람나무님, 감람나무님,
 여보셔요, 감람나무님 감람나무님
 우리들의 왕으로 모시려해요,
 우리들을 지키시며 사랑해줘요,
 우리 모두 이렇게 원하옵니다.

(모두 엎드려 부탁한다)

감람나무 : 여보게들 무슨 말을 그렇게 하나 나는 그럴 수 없네.
소나무 : 왜 그래요, 승낙해 주세요.
감람나무 : 여보게들 내말좀 들어 보게나, 나는 나는 해야할 일이 있다
 네. 하나님과 사람을 영화롭게 할 기름을 기름을 만들어야
 해 그러니 내 어찌 왕이 되겠나.
참나무 : 그렇군요. 그러면 누굴 찾아 가지?
아카시아 나무 : 여러분들 우리 무화과나무님을 찾아 갑시다. 그분이
 라면 우리의 왕으로 충분히 자격있습니다.
소나무 : 그렇습니다, 그래요, 우리같이 가서 부탁 합시다.
나무들 : 그래 그래
 (나무들 모두 무화과 나무를 향해 달려 간다.)

제 3 막

무대 : 무화과 나무를 만들어 놓는다. 혹은 무화과나무를 장식한다.
감나무 : 무화과나무님, 우리에게는 왕이 필요해요. 무화과나무님이 우리들의 왕이 되어 주세요. 부탁입니다.
무화과나무 : 무엇이라구요 ? 왕이 되어 달라구요 ?
그럴 수 없어요. 나는 자격도 없지만 나에겐 해야할 일이 있어요.
소나무 : 누구든지 해야할 일은 있어요.
왕이 될 수 있는 능력과 자격이 부족해서 그래요. 무화과나무님이 꼭 왕이 되어 주세요.
무화과나무 : 아니 됩니다. 아니 됩니다.
나는 나는 그럴 수가 없답니다. 당신네들 부탁은 고맙지마는 나에게는 주어진 일이 있다오.
달콤한 맛을 내는 과일을 만들어야죠.
사과나무 : 여러분 그럼 어쩌죠 ?
누굴 찾아가야 하죠 ?
소나무 : 글쎄, 잘 생각해 보자. 우리를 지키고 다스릴 왕이 누가 있을까 ?
감나무 : 얘들아, 포도나무 어떠니 ?
포도나무님은 틀림없이 우리의 왕이 되어 줄거야.
자 ! 우리 기름을 준비해 가지고 가자.
나무들 : 그래 그래, 어서 기름도 준비하고 우리 모두 포도나무에게 간곡히 부탁하자.

제 4 막

무대 : 포도 열매와 포도나무 그림을 준비한다.
참나무 : 포도나무님, 우리의 왕이 되어 주세요.
기름 부어 인정 받는 왕이 되어 우리를 잘 다스려 주세요.
여기 기름도 준비해 왔습니다.
소나무 : 정말입니다. 여기 기름 준비해 왔습니다. 우리들의 소원이니 들어 주세요.

포도나무 : 정말 고맙습니다. 여러분들이 나를 생각해 주고 인정해 주는 그 마음에 깊이 감사 드립니다. 그러나 저는 그럴 수 가 없습니다.
사과나무 : 들어 주세요, 우리들이 잘 모실께요. 저희들은 왕이 정하는 법과 명령에 잘 따르겠습니다. 그러니 거절 마시고 왕이 되어 주세요.
포도나무 : 여러분 고맙습니다. 정말로, 그러나 나로서는 사양합니다. 나에게는 맡겨진 일이 있습니다. 하나님과 사람을 위해서 랍니다. 새 열매를 새술로 만들어야죠.
죄송합니다, 정말로 죄송합니다.
아카시아나무 : 그럼 어쩌지 내가 할 수도 없고…
자격있는 나무는 모두 사양하고, 하고 싶은 나는 자격이 미달이니…
감나무 : 정말야 어쩌면 좋지?
왕이 없다고 내가 왕이 될 수는 없잖아.
아카시아나무 : 애들아, 한 곳에 더 가보자.
나하고 비슷하게 생긴나무가 있거든…
가시나무라고…
소나무 : 가시나무? 너희들 생각은 어떠니?
참나무 : 글쎄! 어떨까…?
아카시아나무 : 가시나무는 참 건강해. 그리고 자신도 있어보여. 우리 가시나무를 찾아 가자.
소나무 : 그래 우리 같이 가자.
(모두 우루루 달려 간다.)

제 5 막

무대 : 가시더불을 만들어 놓는다.
아카시아나무 : 가시나무님, 우리의 왕이 되어 주세요.
왕이 되셔서 우리를 지켜주시고 다스려 주세요.
(모두 엎드린다)

가시나무 : 그래? 너희들의 왕은 나밖에 없지.
　　　　　나외에 누가 왕이 될 자격이 있나?
　　　　　내가 너희들의 왕이 될테니 너희들은 내 말을 잘 들어야 되느니라.
나무들 : 네, 감사합니다. 우리들의 왕이시여…
가시나무 : 여봐라, 내가 왕이다! 내가 왕이다!
　　　　　누구든지 내 말에 복종하여라.
　　　　　나는 너희들의 대왕이란다. 내 말을 거스리면 용서 못한다.
　　　　　자! 너희들 내 그늘 안으로 모두 들어 오너라.
　　　　　(엄한 목소리로)
감나무 : 가시나무 대왕님, 저희들은 그 안에 들어 갈 수 없어요. 가시가 질려 몸을 상하거든요.
가시나무 : 무엄하다. 무슨 말이 그렇게 많으냐!
　　　　　왕이 명령하면 복종해야지. 혼좀 나 봐야 알겠나?…
참나무 : 아닙니다. 그늘로 들어 가겠습니다.
　　　　(모두 고개를 숙인다)
나무들 : 큰일이구나. 큰일이구나.
　　　　우리가 원하는 왕을 모셨건만 우리는 이런 왕을 원치 않습니다.
　　　　자비롭고 인정있는 왕을 원했습니다. 겸손하고 위엄있는 왕을 원했습니다.
　　　　잘못했구나, 실수했구나!
　　　　우리가 원하는 왕이 아닙니다.
감나무 : 여러분, 우리 이제 어떡하면 좋은 가요.
　　　　우리는 이런 왕을 원하지 않았는데…
　　　　우리를 지키고 다스려줄 왕을 원했죠.
소나무 : 이제 큰일났네요.
　　　　포악하고 사나운 가시나무 임금님이 우리를 못 살게 굴테니까요.

아카시아 : 내가 잘못했어요. 나는 그런 줄은 정말 몰랐습니다. 힘이 세고 자신있고 강하게 보여서 우리의 왕으로 잘 할 줄 알았지요.
참나무 : 감람나무, 포도나무, 무화과나무 중에 왕이 되었으면 정말 좋은데…

(가시나무 임금님 모셔 놓고서 나무들은 매일매일 울었답니다. 하나님 우리 왕은 당신 뿐이예요.)

소나무 : 이제 할 수 없어요. 이제와 후회해도 안 돼요.
　　　기름부어 왕으로 모셨으니 다시 바꿀 수가 없답니다. 정말로 우리의 진정한 왕은 우리를 다스려 주시고, 우리를 키우시고, 지금도 함께 하시는 그 한분 하나님 뿐입니다.
감나무 : 후회한들 무엇합니까!
　　　우리가 생각을 잘못했으니 다시는 잘못되는 일이 없도록 우리 힘을 합하여 의로운 길로 인도해 봅시다.
아카시아나무 : 그럽시다. 우리 모두 힘을 합하여 가시나무의 포악한 마음을 변화시키도록 우리가 노력 합시다.
사과나무 : 자, 그럼. 우리가 모신 왕이시니 그 왕을 잘 받들어 모시면서 가시나무 왕이 우리를 잘 보살피고 다스리는 왕이 되도록 힘씁시다.
나무들 : 그럽시다.
소나무 : 자, 그럼. 우리 함께 임금님께 기쁜 마음으로 함께 절을 올립시다.
나무들 : 그럽시다.
　　　(모두 줄을 지어 정중하게 선다)
나무들 : 가시나무 임금님
　　　우리의 임금님, 부디 강하시고 위대하신 임금님이 되어 주소서. 가시나무 임금님 만세! 만세!

(모두 함께 모여 둥글게 둘러서서 왕을 축하한다. 가시나무 어색한듯 고개를 숙인다.)

다같이 : 경사났네, 경사났네, 경사났네.
　　　　우리들의 임금님이 나타나셨네.
　　　　가시나무 임금님, 축하합니다.
　　　　기름부어 우리들을 지켜주소서.
　　　　부디부디 우리들을 지켜주소서.
　　　　행여라도 나쁜 생각, 포악한 마음
　　　　잠시라도 마음에 품지 마소서.
　　　　우리들은 힘을 모아 섬기겠어요.
　　　　우리들은 마음 모아 따르겠어요.
　　　　(한 줄씩 번갈아 읽어 내려 간다.)

18. 성탄절 오페레타

목적 : 특정인물의 출연이 아니라 보통 어린이들의 기쁨의 잔치이다. 노래하고 춤추며 대화하면서 예수나심의 소식을 엮어 보고자 한다.

등장인물
성탄 메시지 1명 합창대 : 등장인물
꼬마 합창 남녀 1명 요셉
손유희 여1명 마리아
독창 여1명 무용 여1명
목자들 4명 독창
천사장 여1명 박사 남3명
천사들 여4명 무용 여6명

무대 : 막이 열리면 성탄 멧세지를 낭독할 어린이가 무대로 서서히 올라온다.
  낭독할 때 "고요한 밤" 찬송을 허밍으로 한다.

고요한 밤 거룩한 밤

주 의 부 - 모 앉 - 아서   감 사 기 - 도 드 - 릴때

아 기잘 도잔 다 -   아 - 기잘 도잔 다   아 멘

할렐루야 우리 예수님이 나신 이 날
영광을 그에게 돌립시다.
오천년 전 저 유대 땅 베들레헴
말 구유에 나신 우리 예수님
죄악으로 죽을 수 밖에 없는 우리를
구원 하시려고 오늘 나셨네 할렐루야!

멧세지가 끝나며 퇴장하는 동안

성가대 합창이 들려온다.

크리스머스

이 태 선 작사
김 동 진 작곡

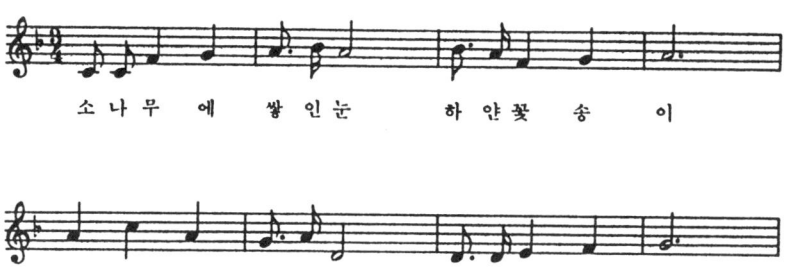
소나무에 쌓인눈 하얀꽃송이
희고도 고운빛 예수님 마음

더러운 내마음 희게씻으려

주님은 오셨어요 크리스머스

유치부 어린이 : 손유희를 한다.

오늘은 아기 예수님의 생일입니다.
우리 엄마가 나를 낳으실 때에는
따뜻한 병원에서 낳으셨는데
우리 예수님은 차갑고 누추한
말구유에서 태어나셨습니다.
고마와요 예수님 우리를 살리시려고 오셨네요.

세상에 오신 예수님
노래와 춤을 추면서 무대를 내려간다.

세상에 오신 예수님

이 강 산 작사
이 강 산 작곡

우리들은 따뜻한 병원에서 편안하게 태어났지 만

예수님은 차가운 마굿간에서 고생하며 태어 나셨 죠

우리의 죄를 씻기 위하여 이 세상에 오신 에수님

에수님의 겸손한 모습 배우면서 살아갈래요

입장 : 저들 밖에 한 밤 중에

저 들밖에 한 밤중에

저 — 들 — 밖 — 에 한 — 밤 — 중에
양 — 틈 — 에 자 — 던 목 — 자들
천 — 사 — 들 — 이 전 — 하 — 여 준

목자들 등장 : 4명의 목자들이 양치던 모습으로 주위를 두리번 거리며 놀라는 모습하며 엉거주춤 등장한다.

이때 천사장이 나타난다.
(목자들 주저 앉는다)

천사장 : (눅 2 : 10~13)
무서워 말라. 보라, 내가 온 백성에게 미칠 큰 기쁨의 좋은 소식을 너희에게 전하노라 오늘날 다윗의 동네에 너희를 위하여 구주가 나셨으니 곧 그리스도 주시니라.
너희가 가서 강보에 쌓여 구유에 누인 아기를 보리니 이것이 너희에게 표적이니라.

(천사장의 말이 끝나면 목자들은 안심하고 일어나 꿇어 엎드린다)

합창 : 어64장 천사들의 노래가

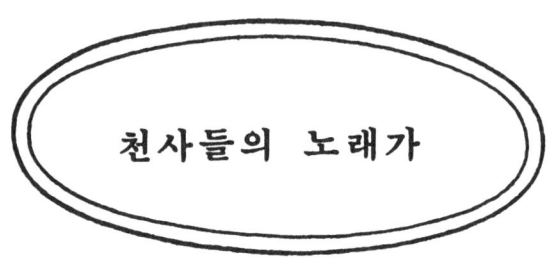

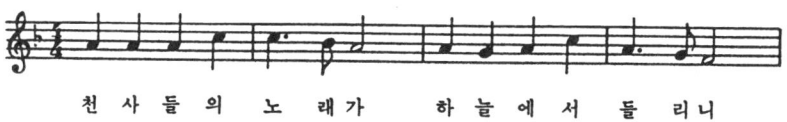

(합창이 끝나면 무용하는 어린이가 무대위로 등장한다.)
(찬 112장 그 맑고 환한 밤 중에 무용을 한다)

그 맑고 환한 밤중에

그 맑고 환한 밤 중에 뭇 천사 내려와

그 손에 비파를 들고서 다 찬송하기를

평강의 왕이 오시니 다 평안하여라

그 소란하던 세상이 다 고요하도다

번호	호간	가 사	동작표현	해 설
1	12	그 맑고 환한 밤 중에		네명의 어린이가 둥글게 서서 두 손 위로 올리며 안으로 모였다가 뒤로 흩어진다.
2	12	주천사 내려와		둥글게 넷이 어깨동무 하고 CW로 CCW로 회전한다.
3	12	그 손에 비파 들고서		오른손목 모두 함께 잡고 한손들고 1회전 한후
4	12	환찬미 하기를		다시 왼손 반복한다.
5	12	평강의 왕이 오시니		두 손 위로 올렸다가 부드럽게 내리며 엎드린다.
6	12	다평안 하여라		주저 앉은 그대로 팔을 흥겹게 부드럽게 흔든다.
7	12	그 소란하던 세상이		1~2와 동일

번호	호간	가 사	동작표현	해 설
8	12	다 고요하도다		1~2와 동일

천사의 외침

천사 : 지극히 높은 곳에서는 하나님께 영광이요
　　　땅에서는 기뻐하심을 입은 사람들 중에 평화로다
(찬송 119장 합창이 나온다)

옛날 임금 다윗성에

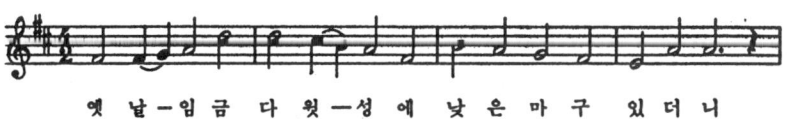

옛 날 임금 다 윗 성에 낮 은 마 구 있더니

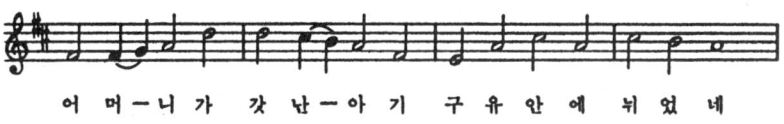

어 머 니가 갓 난 아기 구 유 안에 뉘었네

어 머 니는 마 리 아 그 아 기는 예 수 라

목자들의 대화
목자1 : 이제 베들레헴까지 가서 주께서 우리에게 알리신바 이루어진 일을 보자.
목자2 : 이번에 태어나신 왕이 예수라 했지?
목자3 : 천사의 말을 너는 못들었니?
목자4 : 얘들아 우리 빨리 가보자.
목자들 : 그래 부지런히 가자.
요셉, 마리아 등장
마리아는 왼팔에 아기 예수님을 안으시고 포근히 감싼다. 요셉은 마리아의 오른편에 서서 마리아의 오른팔을 바쳐주고 천천히 나온다.
(노래 어 67장이 조용히 들려온다)

거룩한 아기 예수

구두회 작사
박재훈 작곡

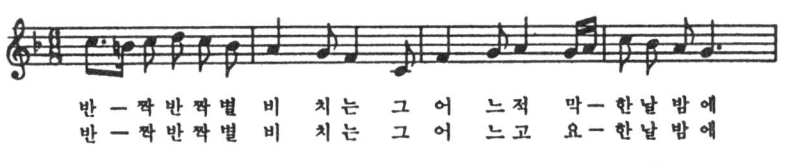

반-짝반짝별 비치는 그 어 느적 막-한날 밤에
반-짝반짝별 비치는 그 어 느고 요-한날 밤에

귀 여이귀여이 들리는 저 어린아 기-울음소리
들에서양치던 목 자들이 상한소 리-들 었네

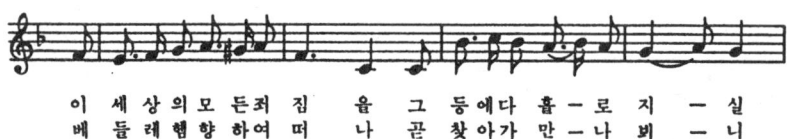

이 세 상의 모 든죄 짐 을 그 등에다 홀 — 로 지 — 실
베 들 레 헴향 하여 떠 나 곧 찾아가 만 — 나 뵈 — 니

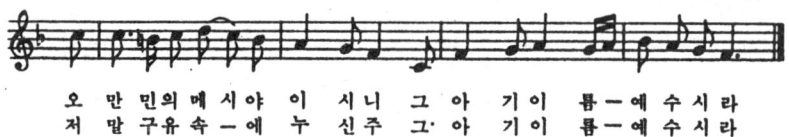

오 만 민의 메 시야 이 시니 그 아 기 이 름 — 예 수시 라
저 말 구유 속 — 에 누 신 주 그 아 기 이 름 — 예 수시 라

노래가 끝나면 마리아는 중앙 의자에 앉고 요셉은 그 뒤에 서 있는다.

교인전체 무용(율동)
탄일종이 땡땡땡
(선생님 한분이 앞에 나와 리더하며 전 교인이 탄일종 노래와 율동을 한다)

탄 일 종

최 봉 춘 작사
장 수 철 작곡

탄 일종 이 땡 땡 땡   은 은 하 게 들 린 다   저

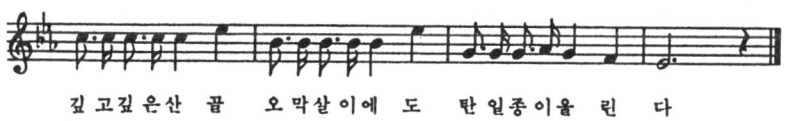

깊 고 깊 은 산 꼴 오 막 살 이 에 도 탄 일 종 이 울 린 다

전교인 노래율동을 마치면 남자 어린이가 "그 어리신 주 예수" 노래를 독창으로 부른다 (관중석에서).

목자들 등장
마리아와 요셉 앞에 차례로 등장한다.
목자1 : 우리가 밤에 양을 지키고 있을 때 천사가 나타나 무서워 말라고 하며 아름다운 소식을 전해 주었습니다.
(마리아와 요셉은 고개를 끄덕인다)
목자2 : 다윗의 동네에 우리를 위하여 구주가 나실 것이라고…
목자3 : 그 후에 다시 천사가 나타나 이렇게 말했습니다.
(어 67장 2절을 부른다.)
목자들 : 노래가 끝나자 목자들 모두 62장을 합창한다.

아기 예수

이 명 원 작사
윤 학 원 작곡

하늘에별이 반짝—일 때 아기예수나—셨네 저

하늘에별이 반짝—일 때 아기예수나—셨네 저

62장 노래를 마치고 셋이 손을 잡고 흥겹게 (찬 125장 1절을 부르며 퇴장한다)

천사들의 노래가

박사1 : 저기 별이 보입니다.
박사2 : 오 그것 참 기쁜일이오.
박사3 : 우리가 연구하며 찾던 별이오.
다같이 : 어서 갑시다. 저 별이 머무는 곳으로 어서 갑시다.
찬 116장을 부르며 마리아 앞으로 나온다.

동방박사 세 사람

박사들 : 무릎 꿇고 절을 한다.
박사1 : 우리 위해 오신 예수님께 황금 드립니다.
박사2 : 왕으로 오신 주께 나는 유향 드립니다.
박사3 : 심판주로 오신 주께 나는 몰약 드립니다.
세박사 일어서며 찬 68장 찬송 부른다.

귀중한 보배합을

우리의 몸 과 맘 도 다 함께 바 치세

진리는 오 묘 하 고 사 랑은 성 결 해

주께서 탄 생 하 신 거 룩한 날 일세

동방박사가 퇴장하며 등장인물과 교인 모두 "기쁘다 구주 오셨네"
합창을 한다.

기쁘다 구주 오셨네

기 쁘다 구 주 오 셨 네 만 백 성

맞 으 라 온 교 회 여 다 일 어

19. 성탄 동화 모음

하늘의 영광 땅의 평화

송종호

　어둠의 이불이 온 누리를 덮어 버린 밤입니다.
　풀잎 마을 식구들은 모두 이불 속으로 몸을 숨겼습니다.　하늘엔 별들의 운동장으로 놀러 나온 아기별들이 반짝이며 소근댑니다.
　풀잎 마을엔 풀잎들의 숨소리가 새액색 새어 나옵니다.　더러는 콜콜 코를 고는 소리도 섞여 있습니다.
　엄지 풀잎은 잠결에 누가 마구 몸을 흔드는 것 같아 번쩍 눈을 떴습니다.
　어느 사이에 왔는지 산들바람이 개구장이마냥 짖궂게 풀잎들의 단잠을 훼방놓고 있는 것입니다.
　"난 또 누군가 했지. 산들바람이었구나. 어쩌다 이 밤중에 오게된 거니?"
　엄지 풀잎의 물음에 산들바람은 조금쯤 거들먹 거리면서 한밤 중에 풀잎네를 찾아온 까닭을 말합니다.
　"아기 임금님 소식을 갖고 왔지.　그렇게 굉장한 일들을 나 혼자서만 보고 있기가 아까워 너희들에게 알려 주려고 달려온 거야."
　풀잎들은 하나 둘 눈을 부비고 어둠 이불 밖으로 몸을 내밉니다. 산들바람의 아기 임금 소식을 듣기 위해 잠 쯤은 문제도 없습니다.
　어느새 풀잎네 식두들은 모두 깨어나 산들바람 주위로 둘러 앉았습니다.　기침도 나오지 않는 것 같은데, 산들바람은 억지로 두어 차례의 헛기침을 합니다.　아마도 자신의 말이 풀잎들에게 좀더 의젓하게 들리게 하기 위해 목소리를 가다듬고 있는 것인지도 모르겠습니다.

"어흠, 어흠! 지금부터 하는 이야기는 아기 임금이 말구유에서 태어나신 뒤에 일어났던 일들이야. 내 눈으로 똑똑히 보고 두 귀로 들은 것인 만큼 꽤 흥미진진할 꺼라구."

아기 예수께서 베들레헴의 마굿간 말구유에서 태어나신 이후의 일입니다. 산들바람이 전해주는 아기 예수의 소식을 들어 봅니다.

이스라엘 임금으로 오신 예수가 탄생하신 날 밤입니다.

베들레헴 근처의 들판에서 양치는 목자들이 밤을 지새우며 양을 지키고 있었습니다.

그때였습니다. 갑작스레 이상한 빛이 하늘로부터 내려왔습니다. 그 빛으로 해서 주위가 온통 대낮처럼 환하게 밝았습니다.

그와 동시에 엄숙한 목소리가 하늘에서 들려왔습니다.

"들에 있는 자들아, 두려워 하지 말아라."

자신들을 가리켜 말하는 하늘의 음성에 놀란 목자들은 이슬에 젖어 있는 풀 위에 엎드렸습니다. 그러자 하늘의 소리가 다시 들려 왔습니다.

"모든 백성들이 갖게 될 큰 기쁨을 그대들에게 알리노라. 오늘, 다윗의 고향인 베들레헴에서 오랫동안 기다리던 구제주이신 이스라엘의 왕이 태어나셨느니라. 지금 아기 임금이 강보에 싸여, 말 구유에 누워계신 아기야 말로 백성의 주 되시고, 예수 그리스도 되시는 분이시니라"라는 말이 끝나자 기쁨에 넘친 노래가 울려 퍼졌습니다.

"하늘 높은 곳에선 하나님께 영광, 땅 위에서는 사람들에게 평화!"

라는 찬미의 노래소리가 울려 퍼지면서 하나님께 찬양을 드리는 것이었습니다.

얼마후 그 노래도 멀어져 가고 이상한 빛도 사라져 갔습니다. 그러자 주위는 다시 전처럼 어두운 풀밭이 되었습니다. 목자들은 조금 전에 벌어졌던 일들을 다시 떠올렸습니다. 마치 꿈 속에서 깨어난 것 같은 기분이었습니다.

목자 한 사람이 말했습니다.

"우리 베들레헴으로 가 볼까?"
그러자 다른 목자가 이렇게 말합니다.
"아무래도 오늘 있었던 일들이 심상치가 않은 걸, 우리 가 보자구."
목자들은 서둘러 베들레헴으로 갔습니다. 베들레헴은 어둠에 묻혀 별빛만 찬란하게 쏟아져 내립니다.
목자들은 여기 저기를 찾아 두리번 거리다가, 낡은 마굿간에서 새어 나오는 불빛에 끌려 그곳으로 갔습니다. 거기엔 아기 예수가 말구유에 뉘어져 있었습니다.
목자들은 아기 예수께 경배를 드립니다. 그리고 기쁜 노래를 부르면서 들판으로 돌아갑니다.
"마침내 우리들이 기다리던 구세주께서 탄생하셨네."

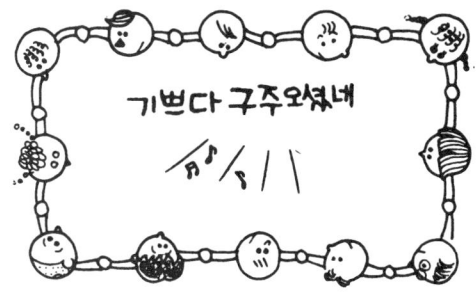

동방박사

그 때 마침 동쪽 나라에서 세 사람의 동방 박사들이 이상한 별빛을 따라 먼 사막을 지나 예루살렘에 까지 이르렀습니다.
"이건 분명 예사로운 일이 아니야."
"맞아, 구세주께서 탄생하신 표시가 틀림없어."
박사들은 그 이상한 별빛을 보고 이렇게 말했습니다.
이들 세 사람의 박사들은 별을 보고 연구하는 사람들이었던 것 같습니다.
그 당시엔 하늘에 빛나는 별이 나타나게 되면 아주 훌륭한 성인이나 구세주 등 훌륭한 사람이 태어날 것이라고 믿었습니다.
동방 박사들은 예루살렘에 도착했습니다. 그리고 만나는 사람마다 붙잡고 이렇게 물어보았습니다.
"새로 이스라엘의 임금으로 태어나신 분이 어디 계신지 아십니까? 우린 그분을 찾아가서 경배를 드리려고 온 사람들이예요."
그러나 사람들의 대답은 별로 신통하지가 않습니다.
"허, 참 별난 걸 다 묻는군. 이상한 사람들이야."
박사들이 만나는 사람마다 아기 임금에 대해 물어 보았기 때문에, 이 소문은 이내 예루살렘 전 시내에 퍼져 나갔습니다.
"이스라엘의 왕이 탄생했다지?"
"이스라엘을 구하실 메시야라며?"
"아기 임금으로 오신 분이라던데?"
소문은 꼬리를 이어 퍼졌습니다.
마침내 이 소문은 헤롯 왕의 귀에 까지 들어 갔습니다. 당시의 로마는 그들이 다스리는 이스라엘에 이스라엘 사람을 왕으로 앉혀 다스리게 했습니다. 그 왕이 바로 헤롯 왕이었습니다.
헤롯 왕은 동방 박사들로부터 이런 이야기를 듣고 나서는 몹시

당황하였습니다. 그리고 크게 노하며 화를 내기 시작하였습니다.
 헤롯 왕의 노함과, 아기 임금 탄생의 소문으로 예루살렘은 온통 술렁거림 속이었습니다.
 "무엇이 어째, 동방 박사들이 새로 태어난 이스라엘의 임금을 찾아가 경배를 드릴려고 이곳에 왔다고? 에잇, 괘씸한 것들, 나 말고 누가 또 이스라엘의 왕이 있다는 거야. 공연히 그런 따위의 쓸데없는 말을 지껄이고 다니다니!"
 헤롯 왕은 아주 성격이 나쁘고 못된 사람이라 왕 위에 오른 후 온갖 나쁜 일을 저질렀습니다. 그래서 마음 속으로는 늘 자신의 죄 때문에 어찌할 바를 모르는 사람이었습니다. 그러던 중에 동방박사들로부터 이런 말을 듣게 되자 더욱 마음이 불안해졌습니다.
 헤롯 왕은 제사장들과 율법학자들을 불러 이렇게 물었습니다.
 "구세주가 태어난 곳이 어느 곳이냐?"
 "아마 베들레헴일 겁니다. 구세주가 태어나실 곳은 다윗의 고향인 베들레헴이라고 예언자가 기록해 놓았습니다"라고 학자들이 말했습니다. 이 말은 예언자 미가의,
 "유대의 땅 베들레헴아,
 너는 결코 유다의 땅에서
 가장 작은 고을이 아니다.
 내 백성 이스라엘의 목자가 될 임금이
 너에게서 나리라"
 하는 예언의 말씀을 헤롯 왕에게 들려 주었습니다. 그 말을 듣고 헤롯 왕은 동방 박사들을 불러 들였습니다. 그리고 그들에게,
 "박사들이 베들레헴으로 가게 되면, 이스라엘의 왕으로 태어났다는 아기를 찾는 즉시 나에게 알리도록 하라. 나도 가서 그 아기를 경배할 것이다"라고 명령했지만, 사실은 왕위가 위태롭게 될까 겁이 나서 그 아기를 죽여 버리려는 나쁜 마음을 품고 있었습니다.
 헤롯 왕의 명령을 받고 박사들은 길을 떠나 어둠의 들판을 지나서 베들레헴으로 떠났습니다.

박사들이 처음 발견했던 별이 빛나고 있었습니다. 그 별은 아기 예수가 있는 마굿간 위에서 우뚝 멈췄습니다. 이를 보고 박사들은 너무 기뻐 마굿간으로 들어섰습니다.

아기 임금이신 예수 앞에 경배를 드렸습니다. 박사들은 준비해 온 황금과 유향, 몰약을 바치고 경배를 드렸습니다.

예수를 경배하고 귀향길을 떠나려 할 때 꿈 속에서 하나님의 음성을 들었습니다.

"헤롯 왕에게로 가지 말아라"

박사들은 예수 탄생을 찬미하여 헤롯 왕을 피해 고향으로 돌아갔습니다. 박사들의 마음은 아기 임금을 경배한 기쁨으로 넘치고 있었습니다.

20. 성탄절 성극 자료 모음

소중한 선물

송종호

- 때 : 아기 예수가 나신 밤
- 곳 : 난장이의 집
- 나오는 사람들 : 난장이, 난장이의 아내, 요셉, 마리아, 동방박사들

(막이 오르면 무대 중앙에 난장이의 집이 있다. 옆에는 마굿간이 있고 거적으로 문을 만들었는데 거적을 올리면 안이 보인다. 무대에는 음식점을 알리는 간판, 식탁, 가격표 등이 보인다. 무대 뒤로는 베들레헴 시가지가 멀리 보인다. 막이 열리고 난장이가 음식통을 들고 나온다. 음식통 속을 주걱으로 휘저으면서)

난장이 : 자, 국밥이오. 따끈따끈한 국밥이 있어요. 오늘처럼 추운날엔 따끈한 국밥이 제일입니다.
　　　　(행인이 지나가다 난장이네의 식당으로 온다)
행　인 : 국밥 한 그릇 주시오.
난장이 : 예에, 금방 올리지요.
행　인 : (밥을 먹는다) 무슨 날씨가 이처럼 춥담!
난장이 : 호적을 하러 오셨나 보군요?
행　인 : 그렇다오.
난장이 : 고생이 많으시군요.
(그 말에 대꾸도 않고 행인은 음식값을 탁자에 놓고 나간다. 잠시 후 초라한 옷차림의 요셉과 마리아가 들어온다)
요　셉 : 주인 계십니까?
난장이 : 내가 주인이오.
요　셉 : 아, 그렇습니까

난장이 : 국밥을 드릴까요?
요 셉 : 네, 두 그릇만 주세요.
(요셉과 마리아는 난장이가 가져다 준 밥을 먹는다)
난장이 : 호적을 하러 오셨습니까?
요 셉 : 그렇다오.
난장이 : (그들의 초라한 차림을 살펴보며) 추운데 고생이 많군요.
요 셉 : 혹시 이 곳에 쉴만한 곳이 없을까요?
(난장이는 그릇을 치우며 말이 없다.)
요 셉 : 여관에는 방이 없어요?
난장이 : 며칠 전부터 그렇다오.
요 셉 : 보시다시피 제 아내가 아기를 낳게 되었습니다.
난장이 : (마리아를 바라보며) 정말 그렇군요. 사실은 내 아내도 아기를 가졌답니다.
요 셉 : 그러세요? 제발 제 아내를 위해 방 하나만 좀 빌려 주세요.
난장이 : 하지만 우리 집엔 방이 없는걸요.
요 셉 : 아무 방이라도 괜찮습니다.
난장이 : (난처한 얼굴로) 어쩐담, 방은 없고, 딱하기는 하고…
요 셉 : 정 방이 없다면 헛간이라도 됩니다.
난장이 : 헛간이라구요? 우리집의 헛간은 아니지만 마굿간이 있기는 해요. 하지만 거기서 어떻게…
요 셉 : 거리에서 떠는 것보다 낫습니다.
(요셉은 음식값을 치루고 마리아를 부축해서 마굿간으로 들어간다.)
난장이 : (혼자 흥얼거리듯 말한다) 내 아내가 이제 곧 아기를 낳을 테지. 튼튼한 사내놈으로 낳아 줘야해. 나는 그 아들을 훌륭한 사람으로 키우겠어.
(식당일을 모두 마친 난장이는 불을 끈 후 방으로 들어 간다. 잠시 후, 밝은 별 하나가 천천히 다가와 마굿간을 비춘다. 은은한 성탄 노래가 들리고, 이어 대문을 두드리는 소리)

난장이 : (얼굴 가득 기쁜 표정으로) 누구십니까?
박 사1 : 저희들은 동방에서 온 박사들입니다. 하늘의 별을 연구하지요.
박 사2 : 이 집에서 방금 아기가 태어난 표시를 보았는데 사실이지요?
난장이 : (크게 놀란 모습으로) 그걸 어떻게 아셨습니까? 바로 제 아내가 조금 전에 아기를 낳았지요.
(박사들 손으로 하늘을 가리킨다. 난장이는 하늘 높이에서 빛나는 별이 자신의 집을 비추고 있는 것을 발견하고 크게 놀란다.)
박 사3 : 그 아기가 바로 오시기로 약속된 구세주이십니다.
난장이 : (너무 놀란 모습으로 소리를 지르면서) 저, 정말인가요? 그 아기가 구세주라구요?
박사1, 2, 3 : 그렇소, 그분은 바로 우리 인류의 메시야랍니다.
난장이 : 오 하나님!
(방으로 들어간다. 박사들도 따라 들어간다. 잠시 후 박사들 나오면서)
박 사1 : 아니야, 저 아기는 구세주로 오신 메시야가 아니야.
난장이 : (실망어린 눈빛으로) 그걸 어떻게 아십니까?
박 사2 : 그 아기의 얼굴에서는 거룩한 빛을 찾아볼 수 없어요. 메시야의 영광스런 빛 말이요.
박 사3 : (별을 바라다 보면서) 틀림없이 저 별빛은 이 집을 비추고 있는데…
박 사1 : 이 집에 당신네 식구 외에 다른 사람은 없습니까?
난장이 : 없습니다. (그러다 이내) 아, 있어요. 있습니다.
(박사들의 얼굴에 기쁜 빛이 떠오른다.)
박 사2 : 어느 쪽입니까, 그 사람들이 있는 곳이?
난장이 : (박사들의 물음에 대꾸도 없이) 그 사람들에게도 기대하지 않는게 좋을 겁니다.
박 사3 : 어떤 사람들이지요?

난장이 : 호적을 하러 온 사람들인데 아주 지독한 가난뱅이들이예요.

박 사2 : 지금 그 분들이 어디에 묶고 있나요?
난장이 : (딴 청을 부리듯이) 우리를 구원해 주실 메시야께서 설마하니 마굿간에서 태어나겠소?
박사1, 2, 3, : 마, 마굿간이라고?
(박사들 마굿간으로 달려 간다. 별빛이 마굿간 위에 쏟아져 내린다. 마굿간 안에서 환한 빛이 새나온다.)
박사들 : (말 구유 앞에 엎드려 절하며) 오, 우리들의 구세주가 틀림없습니다.
난장이 : (조심스러운 목소리로) 저, 저 아기가 저, 정말 구세주라는 말입니까?
(계속해서 아기 예수를 안고 있는 마리아에게 눈길을 보내면서 박사들에게 묻는다.)
박 사1 : 그렇소. 이 아기가 메시야라오.
(그 사이에 난장이의 아내가 갓난아기를 안고 마굿간으로 들어온다)
난장이 : 이 분이 우리 이스라엘을 구원해 주실 분인가요?
박 사2 : 이스라엘 백성만이 아니라 온 세상을 구원해 주실 분이요.
난장이 : 오, 하나님! 구세주께서 우리 집에서 탄생하시다니…
(난장이는 아기 예수 앞에 엎드린다. 난장이의 아내도 함께 절한다)
박 사1 : (경배하며) 구세주께 황금을 드립니다.
박 사2 : 저는 유향을 드립니다.
박 사3 : 저는 몰약을 드립니다.
(눈물을 흘리고 있는 난장이의 아내, 천천히 아기 예수에게 나간다. 그 앞에 무릎꿇고 엎드리며)
난장이의 아내 : 오, 거룩하신 구세주시여! 주님이 탄생하신 날, 이 부족한 여종도 같은 집에서 아들을 낳게 해주시니

감사합니다.
(난장이는 그의 아내를 걱정스레 바라본다)
난장이의 아내 : (눈을 닦으면서) 저는 동방 박사님들처럼 값진 선물은 없지만, 이 아기를 바칩니다. 부디 예수님의 제자로 삼아주십시오.
(아기를 안고 엎드린다.)
난장이 : (머리를 크게 끄덕거리며) 아기 예수님이 우리 집에 나신 것을 큰 영광으로 생각합니다. 저도 아기 예수께 선물을 드려야 할텐데 보시다시피 저는 음식장사입니다. 제게 비싼 선물은 없지만, 제가 만든 음식을 아기 예수와 여러분들에게 드리겠습니다.
(주위 사람들 즐거운 웃음을 짓는다.)
난장이 : (진실된 목소리로) 음식이 모두 식어 버렸으니 데워 가지고 오겠습니다. 잠시만 좀 기다려 주십시오.
(안으로 들어간다.)
박 사1 : 하하하, 가장 훌륭한 선물이오.
박 사2 : 아기 예수님도 기뻐하실 것이오.
박 사3 : (식당쪽을 향해) 따끈하게 데워 오시구려!
모두들 : 하하하….
(성탄노래가 들려 오면서 막이 내린다.)

첫번째 성탄절

송종호

- 때 : 아기 예수가 태어나던 때
- 곳 : 베들레헴
- 나오는 사람들 : 아이1, 2, 3, 4, 목동1, 2, 3, 박사1, 2, 3, 천사1, 2

(막이 오르면 호롱불 주위에 둘러앉아 있는 아이들의 모습이 보인다. 깊은 밤.)

아이1 : 오늘밤
아이2 : 유대 나라 베들레헴에서 생긴 일…
아이3 : 이 세상이 생기고 처음 있는 일이었다네.
아이4 : 오늘밤도 목동들은 들에서 양을 치고 있었지. 커다란 근심에 쌓인 채.
(그때 목동들이 들어온다. 호롱불이 잠시동안 일렁인다.)
목동1 : 여호와 하나님! 우리에게 주시기를 약속한 메시야를 어찌보내 주시지 않습니까?
목동2 : 여호와 하나님! 어찌하여 우리를 버려두시나요?
목동3 : 자유와 평화의 왕이신 메시야를 보내 주소서!
아이1 : (조용한 음악이 울려온다) 양을 치던 목동들은 하늘의 별을 보며 생각에 잠겼네.
아이2 : 한 목동이 보았네. 유난히도 큰 별 하나.
아이3 : 저 별은 구주 예수 나심을 알리는 별이라네!
아이4 : 그러나 목동들은 알지 못했네. 천사들이 오기 전까지는
(어둡던 방이 환하게 밝아온다. 아이들과 목동들 앞에 천사들이 나타난다)

천사1 : 목자들이여 두려워 말라. 우리는 하늘에서 온 천사!
천사2 : 가장 크고 아름다운 소식을 전하러온 천사들이에요!
천사1 : 이제 눈물과 한숨은 거두고 기쁘게 맞으라! 기다리던 메시야가 나셨다.
천사2 : 베들레헴 객주집의 마굿간에 가서 그 분을 보라!
천사1 : 그곳 말구유에 한 아기가 뉘였으리라. 강보에 싸인 아기가.
천사2 : 그 아기가 바로 메시야, 온 세상에 희망이요, 구원이요, 기쁨을 주실 아기, 하나님의 아들 예수님이라네!
천사1 : 하늘 위의 저 큰 별을 따라 어서 가서 아기께 경배하라.
(천사들의 모습 사라지고 아이들 모습이 드러난다.)
아이1 : 목동들은 양을 버리고 베들레헴으로 달려갔네.
아이2 : 아기 예수를 찾아 만났네. 두손 모아 아기께 경배했네.
아이3 : 요셉과 마리아도 아기 곁에 앉아 있었지.
아이4 : 아기는 울지 않았네. 하나님의 아들이신 구세주 메시야.
아이1 : 하나님의 아들이신 예수께서 어찌 마굿간에서 나셨을까?
아이2 : 정말 그래, 하나님의 아들 예수께서 왜 말구유에 누워 계시는 걸까?
아이3 : 세상은 그를 받아 들이지 않았기 때문이지. 좋은 집, 좋은 방, 좋은 침대는 많았지만…
아이4 : 아기 예수께 드리는 사람은 아무도 없었다네.
아이1 : 나는 가장 귀한 자리에 예수님을 모실 텐데…
아이2 : 나는 가장 귀중한 예물을 바칠꺼야.
아이3, 4 : 우리는 모든 것을 주님께 바쳐 구주 탄생을 경배 드리도록 하자구.
(박사들 나타난다.)
아이1 : 저기 좀 봐, 낙타를 타고 오는 세 사람, 누구일까?
아이2 : 그들은 아기 예수를 찾는 동방 박사들이야.
아이3, 4 : 그래, 그래! 별을 따라 온 동방 박사들…
박사1 : 우리는 동방박사, 밤마다 하늘 우러러 큰 별이 나타나기만 기다려 온 우리들이랍니다.
박사2 : 이제 큰 별이 나타났어요. 틀림없이 임금님이 나신 것입니다.
박사3 : 우리는 아기 임금님을 찾아가는 길이지요.
박사1 : 먼 길, 아기 임금님을 만날 기쁨에 우리는 피곤한 것도 모르고 이렇게 찾아온 것입니다.
박사3 : 나는 유향을 갖고 왔어요.
아이1 : 아, 귀한 선물들, 그러나 그보다 더 귀한 것은 마음의 선물…

아이2 : 착하고 거짓없는 우리 마음을 바치는 일.
아이3, 4 : 아기 예수 나신 날, 하나님의 아들이 세상에 오신 날.
아이1 : 크리스마스는 이처럼 주는 명절이 아닌가. 하나님께서는 예수를 주시고, 예수님은 우리에게 생명을 주시지 않았는가?
아이2 : 내 착한 말 한마디가 내 착한 마음 하나가 아아! 이 쓸쓸하고 거친 세상을 천국같이 만든단다.
아이3 : 아! 온 세상 사람들이 평화의 손을 잡고 지구를 맴도는 날, 아! 예수님은 우리 곁에 오셨다. 우리와 함께 손 잡고 지구를 맴돌리라.
아이4 : 어서 그날이 오기를, 어서 그 날이 오기를 우리는 기도하자.
목동1 : 크리스마의 종을 울려라.
목동2 : 온 세상의 종들아, 일제히 울려라.
목동3 : 지구를 네 소리로 덮어 버려라.
목동1 : 다툼과 싸움과 큰 전쟁의 씨를 이 땅에 심으려는 무리를 좋아! 크리스마스 종아! 울려서 쫓아 버려라. 평화의 왕을 맞아들여라.
목동2 : 크리스마 종아! 이 세상 곳곳의 고통받는 이웃들에게 마음 속 가득히 기쁨을 주어라. 오늘 유대 땅 베들레헴에 한 구주가 나셨다고.

목동1 : 지금 우리들의 마음 속에도 예수님은 와 계신다고…
목동2 : 우리 모두 얼싸 안고 목이 터져라 "기쁘다 구주 오셨네"라고 마음껏 찬미를 드리자. 우리는 우리의 마음 속에 예수님을 모시고 살겠노라고 찬미를 드리자꾸나.
목동1 : 울려라, 크리스마스 종아! 멀리멀리 퍼져 가거라 크리스마스 종아! 온 세계에, 온 누리에 퍼지거라.
아이1 : 우리 이제 고요히 두 손 모으고 두 눈을 감고 기도드리자.
아이2 : 한해 동안 살아온 지난 날의 삶을 돌이켜 보자.
아이3 : 지난날 우리의 잘못들을 모두 뉘우치자.
아이4 : 오늘은 아기 예수가 태어난 첫번째 크리스마스, 우리 모두 엄숙하고 경건한 마음으로 이 기쁨을 맞이하자.
천사1, 2 : (목소리만 들려온다) 오늘 거룩하고 순결한 처음의 크리스마스 날에 우리 모두 가엾은 이웃을 생각하며 예수님 탄생의 기쁨을 되새기자.
목동1, 2, 3 : 우리들 마음을 깨끗이, 깨끗이 닦아 놓고 새 아기 예수를 우리의 구세주로 맞아 들이자.
박사1, 2, 3 : 믿음과 소망과 사랑의 선물을 아기 예수께 바치자. 인류를 구원하실 아기 임금 예수께 찬송을 부르자. 찬미를 드리자.
아이1 : 아! 오늘은 크리스마스, 이 세상의 첫번째 크리스마스인 거룩한 이 밤에, 우리 모두 마음 속 가득히 예수님의 참 사랑을 맞이하자.
아이2 : 우리들도 오늘은 산타클로스의 마음을 가져보는… 아주 작은 일이라 할지라도 이웃을 위해 착한 일을 행하자. 사랑을 나누어 주자.
아이3 : 오늘의 이런 마음을 항상 지니고 새해 한 해도 착하게 살아가자, 참되게 살아 나가자.
아이1, 2, 3, : (목소리를 합하여) 착하게 살리라. 참되게 살리라. 예수님이 탄생하신 거룩한 날, 참 사랑을 배우고 참 사랑을 나누는 삶을 살리라.
(목소리 멀어져 가며 막이 내린다.)

— 촛불 연극 —

세상의 빛

이 촛불연극은 크리스마스 예배를 종결짓기 위해 만들어진 것이다. 먼저, 서곡, 크리스마스 찬송, 기도, 헌금, 서로 다른 연령층의 그룹들이 연주하는 크리스마스 음악 등의 순으로 예배 분위기를 조성하라. 각 합창단은 단상 위로 올라가 노래를 부르고, 끝나면 회중석의 자리로 돌아온다. 단상과 성가대석은 마지막 장면을 위해 비워둔다.

찬송 : "예수는 세상의 빛"(합동 79장)
    (합창이나 독창으로 일절만 회중 뒤에서 부르게 한다.)

목사 혹은 사회자 : "하나님이 가라사대 빛이 있으라 하시매 빛이 있었고, 그 빛이 하나님의 보시기에 좋았더라. 그리하여 하나님이 빛과 어두움을 나누사."
    불기둥이 광야를 방황하던 이스라엘 백성을 인도하였고, 그 이후로 하나님께서는 모든 인간의 행로에 빛을 주셨다. 옛 예언자가 메시야의 탄생을 예언했을 때에도, 그는 빛이라는 말을 사용하였다.

("예수는 세상의 빛" 합창이 반복된다. 이 **때**에 이사야가 손에 불이 켜진 커다란 촛불을 들고 들어온다. 이사야가 다가올 때 방안의 모든 불은 점점 어두워져서 마침내는 꺼져 버린다. 그런 후에, 마리아와 요셉이 들어와 예수님의 탄생 장면을 연출한다.)
이사야 : "어둠속을 걷던 백성들이 큰 빛을 보았도다." (스포트라이트
    - 탄생장면)

"한 아기가 우리에게 낳고 한 아들을 우리에게 주신바 되었는데, 그 어깨에는 정사를 메었고, 그 이름인 기묘자라, 모사라, 전능하신 하나님이라, 영존하시는 아버지라, 평강의 왕이라 할 것임이라."

"그 정사와 평강의 더함이 무궁하며 또 다윗의 위에 앉아서 그 나라를 굳게 세우고 지금 이후 영원토록 공평과 정의로 그것을 보존하실 것이라. 만군의 여호와의 열심이 이를 이루시리라."

"일어나라 네 빛 되시는 예수 그리스도의 영광이 네게 임하였도다."

(이사야가 촛불을 촛대나 혹은 모든 사람에게 다 잘 보이는 작은 책상 위에 꽂은 다음 노래가 흘러나올 때 나간다.)
성가대 혹은 합주대 : "영광 나라 천사들"(합동 110장 1절만)
(노래가 끝난 후, 탄생장면의 불빛은 사라진다. 올갠연주가 계속되다가 다음 대사가 나오면 사라진다.)
대사합창(어둠 속에서 들려온다) : "어둠 속을 걷던 백성이 큰 빛을 보았도다."

(올갠소리가 다시 높아지고 소년 1이 회중의 첫째줄로부터 걸어 나온다. 소년은 이사야의 촛대로부터 그의 초에 불을 붙이고 성경을 읽기 위해 단상으로 올라간다. 5명의 다른 어린이들도 이와같은 방법으로 올라간다. 이 6명의 촛불을 든 소년들이 설자리를 가능한 모든 위치를 이용하여 정한다. 소년1이 대사를 시작하면, 올갠연주는 사라진다.)

소년1 : "어둠 속에 앉아있는 우리에게 빛을 주기 위하여 저 높은 곳으로부터 아침이 우리를 찾아 왔도다."
대사합창 : 어둠 속에 앉아 있는 우리에게 빛을 주기 위하여

(올갠연주가 높아지고 소녀1이 촛불을 들고 그의 자리로 간다. 소녀 1이 대사를 시작할 때 올갠연주는 사라진다.)
소녀1 : "하나님께서 어둠 속으로부터 빛을 발하라 명하사 그 빛으로 우리의 마음을 밝게 하셨다."
대사합창 : 하나님께서 어둠 속에 빛이 있으라 명하셨도다.
(올갠연주가 높아지고 소년2가 그의 촛불에 불을 붙이기 위해 나온다. 소년2가 제자리로 가면 올갠연주가 사라진다.)
소년2 : "예수님께서 가라사대 나는 세상의 빛이니 나를 따르는 자는 어둠 속을 걷지 않을 것이요, 생명의 빛을 얻으리라 하셨다."

대사합창 : 생명의 빛- (작게) 생명의 빛- (더 작게) 생명의 빛.
(음악이 다시 나오고 소녀2가 촛불을 밝히러 간다.)
소녀2 : "하나님은 빛이시니, 그 안에는 어둠이 조금도 없더라."
대사합창 : 하나님 안에는 어둠이 없더라! 하나님 안에는 어둠이 조금도 없더라!
(올갠연주가 다시 올려오고 소년3이 촛불을 밝히면 다시 사라진다.)
소년3 : "주님은 나의 빛이요 나의 구원되시니, 내가 누구를 두려워 하리요?"
대사합창 : (조그맣게 시작해서 점점 커진다)
    나의 빛이요 나의 구원되시니,
    나의 빛이요 나의 구원되시니,
    나의 빛이요 나의 구원되시니,
    내가 누구를 두려워 하리요?
(올갠연주 다시 나오고 소녀3 그녀의 촛불을 밝힌다.)
소녀3 : 예수님께서 말씀하시기를 "너는 세상의 빛이로다. 가서 모든 사람 앞에 네 빛을 발하게 하여 그들로 하여금 너의 선한 일을 보게 하라. 그리하여 하늘에 계신 너의 아버지 이름을 영광되게 하라. "일어서라, 그리고 빛을 비추어라, 네 빛이 네게 임하였도다!"

21. 성탄 설교 시리즈

예수님은 왜 마굿간에서 태어나셨을까,

총신 유아교육과 이효영 교수

말씀 : 누가복음 2장 7절
맏아들을 낳아 강보에 싸서 구유에 뉘었으니 이는 사관에 있을 곳이 없음이라.

예수님은 하나님의 아들입니다. 왕중에 왕이요 임금들 중에서도 가장 위대하고 으뜸이 되신 하나님의 아들이십니다. 그런데 그런 하나님의 아들이신 예수님은 마굿간에서 태어났습니다. 다른 왕자들처럼 임금이 사는 궁궐이나 큰 대궐에 그리고 따뜻한 방에서 태어나지 않고 말들이 잠을 자고 밥먹고 하는 말들의 집인 마굿간에서 태어나셨습니다. 왜 왕 중의 왕이신 하나님의 아들 예수님은 동물들의 지저분한 냄새가 나는 마굿간에서 태어 나신 걸까요?

우리는 거지 왕자를 배워서 잘 압니다. 거지 왕자는 왕궁에서 좋은 왕자복을 입고 궁궐 안에서 지냈습니다. 좋은 음식, 좋은 옷, 좋은 집 수 많은 종들이 있었지만 궁궐 밖에 있는 수 많은 다른 사람들을 만날 수 없었고 또 백성들도 훌륭하신 왕자를 보고 싶지만 성벽이 너무 높고 성문에는 항상 군사들이 굳게 지키고 있어 성 안에 들어갈 수 없기에 왕자를 볼 수 없었습니다.

그래서 왕자는 거지옷을 입고 성을 몰래 빠져 나가서 많은 사람들을 만나게 되었습니다. 그리고 백성들도 거지옷을 입은 진짜 왕자를 만날 수 있었습니다.

이와 마찬가지로 예수님이 궁궐이나 성 안 또는 좋은 집, 따뜻한 방에서 태어났다면 예수님을 만나야 할 사람 또는 예수님을 만나 보고 싶은 사람들이 예수님을 만날 수 없었을 것입니다. 예수님을 만나보고 싶은 사람들이 누구이든 죄인이든 임금이든 거지이든 잘난 사람이든 못난 사람이든 어른이든 어린이도 상관없이 만나볼 수 있게 된 것입니다. 예수님을 만나야 하는데 누구에게 물어 볼 필요도 없고 거쳐야 할 단계도 없이 곧 바로 와서 만날 수 있게 된 것입니다.

하나님의 아들 예수님을 만나기 위한 다른 절차나 그 어떤 방법도 필요 없습니다. 별을 연구하던 동방박사도 아무 거리낌없이 와서 만났고, 뜰에서 양을 치던 목자들도 아무 조건없이 와서 아기 예수님을 만나고 그에게 경배하였습니다. 그래서 예수님의 생일인 성탄절은 모든 사람에게 기쁜날입니다.

어린아이도 예수님께 가서 경배할 수 있고, 어른도, 부자도, 가난한 사람도, 임금님도, 대통령도, 일반 백성도, 모든 사람이 만나서 그에게 찬양과 경배를 드릴 수 있는 것입니다.

가장 중요한 것은 예수님은 모든 사람들을 다 반겨 주시며 자신을 믿고 따르는 모든 사람들을 하나님의 나라로 데려다 주실 수 있는 분입니다.

사람들이 자기 혼자서는 하나님 나라에 가고 싶어도 갈 수 없지만 예수님이 그 사람들의 손을 잡고 가기만 하면 모두 하늘나라 하나님께 갈 수 있게 된 것입니다.

그런 예수님이 태어나신 오늘 성탄절은 참으로 기쁜 날입니다. 이 기쁜 소식을 우리는 많은 사람들이 알도록 가서 전해야 합니다.

한솔이네 가족이 기다린 성탄절.

말씀 : 마태 22 : 39
둘째는 그와 같으니 네 이웃을 네 몸과 같이 사랑하라 하셨으니

어린이 여러분!
12월 25일은 크리스마스 날입니다. 다른 말로는 성탄절입니다. 더 자세히 말하면 하나님의 아들 예수님이 태어나신 예수님 생일날 입니다.
그런데 이 성탄절을 기다리고 기다리던 가정이 있습니다.
한솔이네 식구는 엄마, 아빠, 한솔이 그리고 동생인 한별이 4식구가 살아가고 있었습니다. 한솔이네는 작년 여름에 비가 너무 많이 와 집이 떠내려갔습니다. 먹을 것도 입을 것도 없이 모두 떠내려 갔었습니다. 그래서 작년 겨울은 바람이 많이 들어오는 허름한 집에서 춥게 지내게 될뻔했습니다. 여름에 홍수로 옷과 이물이 모두 떠 내려가 춥세난 시벨뻔한 겨울이었습니다.
그런데 작년 성탄절에 이웃 친구들과 교회와 이웃 사람에게서 "예수님의 생일날 예수님의 사랑을 드립니다"라고 쓴 카드와 함께 따뜻한 이불과 옷을 선물로 받았습니다. 한솔이네는 너무너무 고마웠습니다.
추운 겨울이지만 춥지 않게 지낼 수가 있게 되었던 것입니다.
성탄절날 교회와 이웃사람들이 선물로 준 따뜻한 옷을 입고 약속을 했습니다. 우리도 다음 성탄절에는 우리보다 못한 이웃을 도와 주자고 약속했습니다.
아기 예수님이 오신 것을 축하하기 위해서 한솔이네 보다 더 어려운 이웃을 돕기로 약속했습니다. 한솔이 엄마는 밥을 할 때 마다 쌀을 한, 두 숟갈씩 떠내어 모으기 시작하였고, 한솔이 아빠는 가까운 곳을 걸어

다니고 아침에도 더욱 일찍 일어나 택시를 타지 않고 버스를 타고 나머지 돈을 저금통에 저축하였으며, 한솔이와 동생 한별이도 엄마, 아빠가 주신 용돈과 간식비, 심부름 또는 친척들이 주신 돈을 아껴서 돼지 저금통에 저축하였습니다. 올 성탄절에 엄마의 쌀 바구니에도 아빠와 한솔이, 한별이의 저금통도 가득차게 되었습니다.

  올 성탄절에 엄마는 그 동안 모은 쌀로 떡을 하고, 아빠와 한솔이, 한별이가 모은 저금통을 뜯어서 선물을 준비하였습니다.

  한솔이네 식구는 정성껏 준비한 선물을 가지고 한솔이네 보다 어려운 사람들을 찾아 가서 전해주기로 하였답니다.

  그래서 한솔이네 식구는 예수님의 태어난 성탄절을 손 꼽아 기다렸습니다.

  어린이 여러분, 성탄절은 아주 기쁘고 즐거운 날입니다. 우리 모두를 하나님 나라 천국으로 데려가기 위해서 하늘나라로 부터 우리에게로 오신 귀한 예수님이 태어난 날이지요. 그래서 엄마, 아빠가 친구들에게 선물도 사주고 또 교회에서는 무용도 하고 기쁜 찬송도 하고 잔치를 벌이기도 합니다. 예수님의 생일을 축하하려는 것입니다.

  하지만 여러분 이런 즐거움이 없는 사람들이 우리 주변에는 많이 있답니다. 엄마, 아빠가 없어서 선물을 받을 수 없는 사람, 먹을 것이 없어서 배고파 우는 사람, 예수님이 누군지 몰라서 하늘나라에 갈 수 없는 사람 등등.

  우리는 이런 사람들을 예수님의 이름으로 도와 주어야 합니다. 우리가 받은 좋은 선물을 나누어 갖고, 맛있는 것을 나누어 먹으며 예수님 이야기도 들려 주어야 합니다.

  여러분들도 한솔이네 가족처럼 올 성탄절에는 불쌍한 이웃사람들을 도와 주어서 보다 많은 사람들이 기뻐하게 합시다.

예수님을 만난 동방박사들이 한 일

말씀 : 마태 2 : 10~11
저희가 별을 보고 가장 크게 기뻐하고 기뻐하더라
집에 들어가 아기와 그 모친 마리아의 함께 있는 것을 보고
엎드려 아기께 경배하고 보배합을 열어 황금과 유향과 몰약
을 예물로 드리니라.

   산과 들에서 별을 세어 보고 별들이 어떻게 변했나, 새로 생긴 별은 없나, 없어진 별은 없나 하고 별을 관찰하며 별들에 대하여 연구하던 동쪽나라에 박사님들은 이상하고 커다란 별이 나타난 것을 발견하였습니다. 그리고 그 별이 움직이는 것을 보고 이 세상에 아주 귀하고 높으신 분이 태어난 것을 알았습니다. 그래서 박사님들은 별을 따라 갔습니다. 박사님들이 도착한 곳은 대문도 없고, 집도 허름한 한쪽 곁에 말들이 밥먹고 잠자고 하는 마굿간이었습니다. 그 곳에는 임금들 중 가장 높으신 임금이요, 왕 중에서도 가장 위대한 임금이신 하나님의 아들 이기 예수님이 태어나셔서 누워 있었습니다.
   보자기에 싸여 누워 있는 아기를 본 박사님들은 그 아기가 하나님의 아들 예수님이신 것을 알고는 아기 예수님께 다가가서 넙죽 절을 하고 또 선물도 드렸습니다.
   나이가 많은 어른이고 또 똑똑한 박사님들이지만 아기 예수님께 경배하고 선물을 드렸습니다.
   선물은 임금님이나 왕들에게만 드리는 황금과 좋은 냄새가 나는 유향과 뭐든지 썩지 않게 하는 몰약을 선사했습니다. 이 세가지 선물은 그때 당시에는 가장 귀하고 값비싼 최고의 선물이었습니다. 그리고 찬양과 찬송도 잊지 않았답니다. 왜냐하면 아기 예수님은 너무 너무 귀하신 분이기 때문입니다. 우리 사람들은 죄가 있어서 하나님이 계시는 너무 아름답고 좋은 하늘 나라에 갈 수가 없답니다. 가고 싶지만 못간답니

다. 그런데 하나님은 사람들을 사랑하셔서 하나밖에 없는 예수님을 보내어 사람들이 예수님만 따라가면 하늘 나라로 데려올 수 있게 해 주셨습니다. 예수님은 불쌍한 사람들이 하늘나라로 갈 수 있게 해준 분이기에 아주 귀한 분이십니다. 그 예수님이 태어났고 그 예수님을 만났으니 별을 연구하던 박사들은 너무 기쁘고 즐거웠던 것입니다. 그래서 박사님들은 예수님께 경배와 선물을 드린 것입니다. 박사님들은 예수님을 만나 아무것도 바라지 않았고 달라고 하지도 않았습니다.

12월 25일은 바로 예수님이 태어나신 예수님 생일 날입니다. 그런데 예수님은 지금 우리곁에 있지 않고 하늘나라로 다시 가셨기에 우리는 예수님께 직접 절하고, 경배하고, 선물도 드릴 수 없으며 찬양도 드릴 수 없답니다. 우리는 어떻게 예수님께 경배하고 선물을 드릴 수 있을까요?

예수님은 우리에게 말씀하셨습니다. 가난하고, 병들고, 슬프고, 고통당하며 또 우리보다 어려운 이웃 사람들을 도와 주고, 대접하고 보살펴 주는 것이 예수님께 하는 것과 똑 같은 것이라고 말씀하셨답니다.

그래서 우리는 예수님 생일인 성탄절에 불쌍한 이웃이나 가난하고 어려운 처지에 있는 우리보다 어려운 가운데 있는 사람들에게 예수님 이름으로 도와 주는 것이 예수님께 선물을 하는 것입니다.

우리도 올해에는 우리가 받은 선물이나 우리가 가지고 있는 것 중 가장 귀한 것을 골라서 우리보다 못한 이웃사람들에게 기쁘고 즐겁게 전해 주어야 할 것입니다.

예수님께 드리는 선물이니까요. 동방나라에 박사님들이 예수님께 선물했던 것처럼 기쁘고 즐겁게 드려야 할 것입니다.

불평하며

서로 사랑하라
말씀 : 요한복음 10장 12절
　내 계명은 곧 내가 너희를 사랑한 것 같이 너희도 서로 사랑하라 하는 이것이니라.

　어린이 여러분 12월 25일은 우리가 다 잘아는 성탄절입니다.
　어느 친구는 손꼽아 성탄절을 기다리며 이번 성탄절에는 엄마, 아빠가 무엇을 사주실까 궁금해 하는 사람도 있을 것이며, 또 어느 친구는 이번 성탄절에는 무엇을 하고 지낼까 하며 재미있게 놀 생각을 하는 친구도 있을 것 입니다.
　옛날 어느 나라에 백성들을 아주 많이 사랑하는 임금님이 계셨습니다. 임금님은 나라를 아주 평화롭고 아름다운 나라로 만들려고 하였지만 그 나라 사람은 임금님 말을 듣지 않았어요.
　서로 씨우고 미워하며 자기들 마음대로 행동하였기 때문에 그 나라에는 평화도 없었고 아름다움도 없었습니다.
　임금님은 백성들 모두에게 벌을 주고 싶었지만 그럴 수가 없었어요. 왜냐하면 임금님은 백성들을 너무 사랑하였기 때문에 서로 싸우고 미워하는 백성들이 너무 불쌍해 보이셨거든요. 어떻게 하면 '저 불쌍한 백성들을 평화롭고 아름다운 나라에서 살 수 있게 할 수 있을까 그래 나에게 하나밖에 없는 외아들을 저 백성들에게 주어서 저 백성들이 나의 아들을 믿고 따르면 미움이 없는 곳, 싸움이 없는 곳, 불 평이 없는 곳, 평화롭고 아름다운 나라에 살 수 있게 해주자'하고 생각했습니다.
　그래서 임금님은 외아들을 백성들이 사는 마을로 보내셨습니다. 그리고 외 아들을 믿고 따르는 모든 사람들은 임금님의 나라에 갈 수 있게 해 주셨습니다. 지금도 그 아들 예수 그리스도를 믿고 따르면 우리 모두도 하늘나라에 갈 수 있어요.

어린이 여러분!

하나님은 하나밖에 없는 외아들을 우리에게 주셨습니다. 그리고 말씀하셨습니다.

"내가 너희를 사랑한 것 같이 너희도 서로 사랑하라"고 말입니다. 우리가 서로 사랑하는 것은 무엇일까요? 그것은 우리도 우리 가장 소중한 것을 우리의 이웃에게 예수님의 이름으로 드리는 것 입니다.

어느 친구는 용돈을 조금씩 모아 저축한 저금통일 수도 있고, 어느 친구는 아빠에게 선물 받은 멋진 장난감일 수도 있고, 어느 친구는 엄마에게 선물 받은 아주 재미있는 책일 수도 있고, 우리의 소중한 것은 다 다르지만 이번 성탄절에는 그것을 나보다 못한 이웃들에게 선물하는 것입니다.

이번 성탄절이 어린이 여러분에게는 남에게 베푸는 기쁨을 알 수 있는 좋은 성탄절이 되기를 바라며 미워하던 친구를 사랑하고, 싸웠던 친구를 용서하며 불평불만이 가득찼던 마음에 감사의 찬송이 넘치기를 바랍니다.

〈초등부〉

사랑을 주는 성탄절

이광성(금호교회 교육 전도사)

말씀 : 눅2 : 10
　천사가 이르되 무서워 말라 보라 내가 온 백성에 미칠 큰 기쁨의 좋은 소식을 너희에게 전하노라.

　우리는 성탄절이 오길 기다립니다. 성탄절이 오면 선물을 받게 되고 아름다운 카드도 받게 되기 때문입니다. 교회에서는 마리아, 요셉, 아기 예수가 되어 연극도 하고 아름다운 목소리로 찬송을 부르기도 합니다.
　하지만 우리 주변에는 성탄절이 기쁘거나 반갑지 않은 사람들이 있습니다.
　집안이 가난해서 선물도 못 받고, 친구나 친척이 없어서 같이 놀지도 못하며, 고아원에서, 양로원에서, 사랑의 손길을 기다리며 쓸쓸히 보내고 있습니다. 우리는 우리의 기쁨과 즐거움을 그들에게 나누어 주어야겠습니다.
　예수님이 오셨던 그때에도 천사는 기쁜 소식을 전했습니다. 목자들도 기쁨의 소식을 혼자만 알고 있지 않고 많은 사람들에게 전했습니다. 우리도 기쁨과 즐거움을 이웃과 같이 나눌 수 있어야겠습니다. 그러자면 우리의 마음이 먼저 아름다워져야 합니다. 사랑이 넘쳐나야 합니다. 마음이 아름답지 않으면 기쁜 소식을 전할 수 없으며, 사랑이 없는데 어떻게 나누어 줄 수 있겠습니까?
　아름다운 마음, 사랑하는 마음이란 어떤 마음입니까?
　프랑스 마르세유의 항구에서 한 신사가 나룻배를 타고 건너가게 되었습니다. 사공은 두 형제였습니다. 이 형제는 금은공이면서 부업으로 사공을 한다는 것이었습니다. 이를 이상히 여긴 신사가 형제에게 물어 보았습니다. 그러자 형제는 "아버지가 배 한척을 사서 아프리카로 장사하러 나갔다가 해적을 만나 몸 값만 주면 아버지를 내어 주겠다고 하는데 몸값이 너무 비싸서 저희 형제가 밤낮으로 일하고 있지만 아직 멀었습니다"고 말하며 울먹였습니다.

신사는 자기의 일인 것처럼 슬퍼하며 눈물을 흘렸습니다.

얼마가 지난 후 아버지가 형제에게 나타났습니다.

"고맙다 너희가 몸값을 치루어 주어서 내가 살아 돌아 올 수 있었다"

"몸값을 치루다니요? 아직 그 돈을 마련할려면 멀었는데…"

"그럼 누가 돈을 보냈을까?"

어린이 여러분!

누가 돈을 보냈을까요? 예, 언젠가 형제들의 이야기를 들으며 눈물을 흘렸던 그 신사가 보냈던 것입니다.

아름다운 마음은 남의 슬픔을 나의 슬픔으로 알고 불쌍한 사람을 보면 도와주고 싶어지는 마음입니다. 억지로 도와주는 것이 아니라 도와주고 싶어서 도와주는 마음이 아름다운 마음 남을 사랑하는 마음입니다.

성탄절은 하나님이 우리를 극진히 사랑하셔서 죄로 죽을 수 밖에 없는 우리를 구원해 주시기 위해 예수님을 보내신 기쁜 날입니다. 이것은 또한 하나님이 우리를 사랑하신다는 증거가 됩니다.

이런 성탄절에 나의 도움이 필요한 이웃이 주변에 있는가 살펴보고, 내가 받은 선물을 나누어 주고, 정성껏 만든 카드를 보내며, 손잡고 교회에 나와 성탄축하 발표회도 함께 하며 찬송도 함께 부르는 작지만 사랑을 나누는 성탄절이 되기 바랍니다.

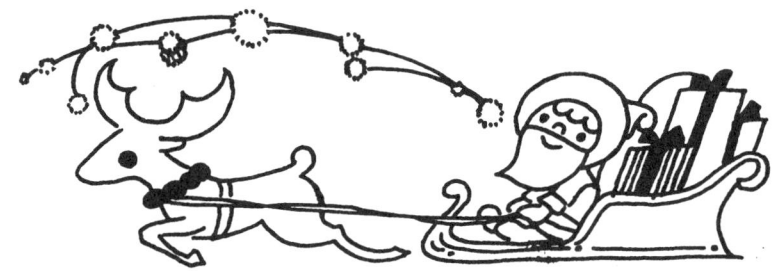

〈유년부〉

평화의 왕 예수님

말씀 : 눅 2 : 14
지극히 높은 곳에서는 하나님께 영광이요 땅에서는 기뻐하심을 입은 사람들 중에 평화로다.

독일과 프랑스가 전쟁을 할 때의 이야기입니다. 작은 강을 사이에 두고 서로 진을 치고 있었습니다. 그러던 어느날 12월 25일 성탄절 새벽이 되었습니다.

프랑스의 한 병사가 고향에서 즐겁게 지내던 성탄절이 생각이 나서 어릴 때 부르던 성탄절 찬송을 휘파람으로 불었습니다. 이 노래를 듣고 있던 독일의 병사도 함께 휘파람을 불었습니다. 그러자 여기 저기서 같은 휘파람 소리가 났습니다. 어느덧 휘파람은 우렁찬 합창으로 변했습니다. 독일 병사도, 프랑스 병사도, 대장도 쫄병도 모두 다 같이 성탄찬송을 힘차게 불렀습니다.

어제까지만 해도 대포와 총으로 서로 죽이던 사람들이 함께 노래를 부르게 되었습니다. 양쪽 대장은 이것을 보고 서로 의논하여 성탄절 하루만이라도 싸움을 하지 않기로 하였습니다. 그리하여 그날은 이세상에 오신 평화의 왕 예수님을 생각하며 지내게 되었습니다.

예수님이 이 세상에 오신 것은 서로 미워하고 시기하며 싸우는 사람들의 마음 속에 평화를 심어 주려고 오셨습니다. 평화를 위해 고난을 당하시며 십자가를 지신 예수님은 우리에게 서로 믿고 사랑하며 평화의 일꾼이 되라고 말씀하십니다. 그러기 위해서 우리는 하나님과 평화해야 합니다.

아버지가 우리를 사랑하시지만 잘못했을 때 아버지를 무서워하며 피하듯이 하나님도 언제나 우리를 사랑하시지만 우리의 잘못 때문에 가까이 하지 못하고 피할 때가 많습니다. 하나님과 평화하는 길은 먼저 우리의 잘못을 용서받고 하나님의 말씀대로 순종하며 살아가는 것입니다. 그렇게 될 때 우리 마음에 기쁨과 즐거움, 평안함이 가득차게 됩니다.
　친구들과도 평화롭게 지내야 합니다.　친구들과 평화롭게 지내지 못하는 사람은 하나님과 평화를 갖지 못하게 됩니다.　평화롭게 지낸다는 것은 친구의 잘못을 용서하며 사이좋게 지낸다는 것을 말합니다.　하지만 더욱 중요한 것은 그 친구에게 예수님을 소개하고, 만나게 하며, 그 친구도 평화의 일꾼이 되게 하는 것입니다.
　어린이 여러분!
　평화의 왕이신 예수님이 우리에게 오셨습니다.　예수님은 여러분이 예수님처럼 평화의 일꾼으로 일하기를 원하십니다.　이번 성탄절은 평화의 왕 예수님을 생각하며 세상의 빛과 소금으로 또한 평화의 일꾼으로의 삶을 다짐하는 복된 날이 되기 바랍니다.

〈유치부〉

예수님! 생일 축하해요

말씀 : 마 2 : 11
집에 들어가 아기와 그 모친 마리아의 함께 있는 것을 보고 엎드려 아기께 경배하고 보배합을 열어 황금과 유향과 몰약을 드리니라.

우리 친구들 이런 노래를 아세요?
"생일 축하합니다. 생일 축하합니다. 사랑하는 ○○의 생일 축하합니다."
야- 참 잘하네요. 이번에는 ○○ 대신에 자기 이름을 넣어서 불러 볼까요?
"생일 축하 합니다. 생일 축하 합니다. 사랑하는 ○○ 의 생일을 축하합니다."
생일날이 되면 참 기뻐요. 엄마, 아빠랑 둘러 앉아서 노래도 부르고요, 케잌도 자르고 맛있는 음식도 먹어요. 내가 가지고 싶었던 장난감, 인형, 책 등을 선물로 받기도 해요.
그런데 오늘 누구 생일이래요. 누구 생일일까요? (예수님이요)
예, 성탄절은 예수님의 생일이에요. 우리는 오늘 하나님께 감사하며 예수님의 생일을 축하해야겠어요. 우리가 어떻게 해야 예수님이 기뻐하실까요? 그것은 내가 가지고 있는 것 중에서 제일 귀한 것을 드려야 해요.
옛날에 예수님이 태어 나셨다는 소식을 듣고 멀리 동방에서 박사님 3분이 예수님을 찾아 왔어요. 그들이 가장 귀하게 여기는 황금, 유향, 몰약을 예수님께 드리기 위해 왔던 것이예요.
황금은 이 세상에서 제일 귀한 것이예요. 또 황금은 앞으로 왕이 되실 예수님을 축하하는 의미도 있어요. 유향은 좋은 냄새가 나는 향료예요.

성전에서 제사를 드릴 때 사용했고 몰약은 썩지 않게 하는 약으로서 예수님이 죽으셨어도 썩지 않고 부활하실 것을 의미하는 선물이예요.
  우리에게는 황금도, 유향도, 몰약도 없어요. 우리는 무엇을 드려야 하나요?
  내가 가지고 있는 아름다운 마음, 5년이 지나도, 10년이 지나도 변하지 않는 예수님을 사랑하는 마음을 정성껏 드려야겠어요.

큰 기쁨의 좋은 소식

(누가복음 2장 10절)

김영환 전도사

우리 사람들에게 가장 큰 기쁨의 좋은 소식은 무엇일까요?
여러분에겐 무엇이 가장 큰 기쁨의 좋은 소식 인가요?
네! 아빠가 큰 선물을 사오신다는 소식요, 또 무슨 소식이 있을까요?
네! 내가 원하던 컴퓨터를 크리스마스 선물로 사오셨을 때요.
네! 그러면 이런 것이 영원토록 좋을까요, 아니죠, 우리들은 명절만 되면 선물하기 바쁘고 축전을 띄우기 바쁘죠. 그러나 그것보다 더 큰 기쁨의 좋은 소식이 있어요. 그것이 무엇일까요.
오늘이 무슨 날이죠?
네! 성탄절이예요. 성탄절은 무슨 날일까요?
네! 그래요. 예수님이 탄생하신 날이예요. 하나님이 나를 사랑하시어 독생자 예수 그리스도를 보내주신 날이예요.
이보다 더 값신 선물이 없고 이보나 너 큰 기쁨이 없어요. 왜냐하면 나는 죄 때문에 사탄의 노예가 되어 지옥으로 갈 수밖에 없었는데 이런 나를 구원시키기 위해 예수님이 오셨어요. 그러니 이것이 얼마나 값지고 큰 기쁨 이겠어요.
그런데 우리는 우리끼리 선물을 주고 받고 소원을 말하기도 하면서 정작 오늘의 주인이신 예수님께는 무엇을 드렸나요? 우리는 무슨 큰 기쁨의 좋은 소식을 전해 드렸나요?
하나님은 나를 사랑하시어 독생자인 예수님을 이 땅에 보내주셨어요.
바로 좋은 소식이란 예수님이 이 땅에 탄생하신 소식이요. 큰 기쁨은 이 예수님이 나의 죄를 용서하시고 자기의 죄로써 구원시켜 주셨으니 이보다 더 큰 기쁨이 어디있겠어요.
이 큰 기쁨의 좋은 소식을 하나님은 양치는 목자들에게 제일 먼저 전해 주었어요. 이들은 예수님께 나아와서 영광돌리고 하나님이 저희에게 전해주신 큰 기쁨의 좋은 소식을 그곳에 모인 사람들에게 전해주었어요.
  우리들도 이 큰 기쁨의 좋은 소식을 듣고서 전하지 않는다면 이기주의자입니다. 다시말해서 자기밖에 모르는 사람입니다. 이스라엘에 가면 사해라고 있는데 이곳은 죽은 바다라 하며 물고기도 없는 곳입니다. 이 사해는 물이 들어오는 길은 있어도 나가지 못해서 물이 썩어서 생물이 살지 못하는 바다가 되었습니다.
  어린이 여러분도 이 큰 기쁨의 좋은 소식을 듣고 깨닫지 못하고 또 전하지 않으면 사해하고 똑 같습니다. 즉 죽은 사람이예요.
  우리 어린이들은 죽은 사람이 되지 말고 우리 예수님의 탄생을 널리 알리는 주의 군병이요, 복음의 우체부가 되세요.

울어버린 성극

(누가복음 2장 11절)

어린이 여러분 오늘이 무슨날이죠?
네! 성탄절이죠. 그럼 성탄절은 어떤 날인가요?
네! 그래요. 예수님이 탄생하신 날이예요. 이날 예수님은 편안한 자리에서 태어나지 않으시고 마굿간에서 태어나셔서 누우신 곳이 말구유예요. 말구유는 말먹이를 담는 통이예요.
이날 예수님이 태어나서 축하를 받은 것은 사람이 아니라 말이예요.
여러분 성탄절이면 연극을 하죠. 어느 어린이가 교회에서 연극을 하는데 그 어린이는 여관주인역을 맡았어요. 그는 마리아와 요셉이 와서 빈방있으면 방을 빌리자고 할 때 "없어요. 빈방은 없어요"라고 소리쳐야 되는데 이 소년은 "어서 오세요. 제 방으로 들어 가세요"라면서 울음을 터뜨렸어요. 이 연극은 실패했죠.
그런데 그게 아니예요. 오리려 박수를 많이 받고 또 칭찬을 받았어요. 왜그럴까요? 이 소년은 자기의 마음에 있던 말을 한 것이에요. 이 시간에 예수님께서 여러분의 마음의 문을 두드리면서 빈방을 찾으십니다. 여러분은 과연 어떻게 할 것인가요?
어린이 여러분 우리는 예수님을 내마음의 방에 모셔야 됩니다. 내 맘에 예수님이 아닌 다른 욕심, 질투, 시기, 분노 등 나쁜 것을 쌓아두는 방으로 만드는 것이 아니라 예수님을 모셔서 예수님을 내 마음의 주인으로 삼으셔야 합니다.
예수님은 쉬지않고 문을 두드리십니다.
"빈방 있어요?"
우리는 예수님을 외면치 않고 예수님을 내 마음에 모시세요.
오늘 예수님이 탄생하신 이날, 여러분은 예수님께 무엇을 드렸나요? 성탄절 이라고 즐겁게 놀고 먹는 것만이 모두가 아닙니다. 예수님을 바라보세요.

예수님이 기다리십니다.
예수님은 내가 예수님을 위해서 일을 하기를 원하십니다.
예수님은 우리의 마음에 들어 오시고 싶어하십니다.
우리 어린이들은 모두 예수님을 모시어 들이는 예수님의 참 제자요, 형제가 되시기 바랍니다.

22. 성탄 무용

나 하 나 교수
(총회신학교)

1. 탄일종

장 수 철 곡

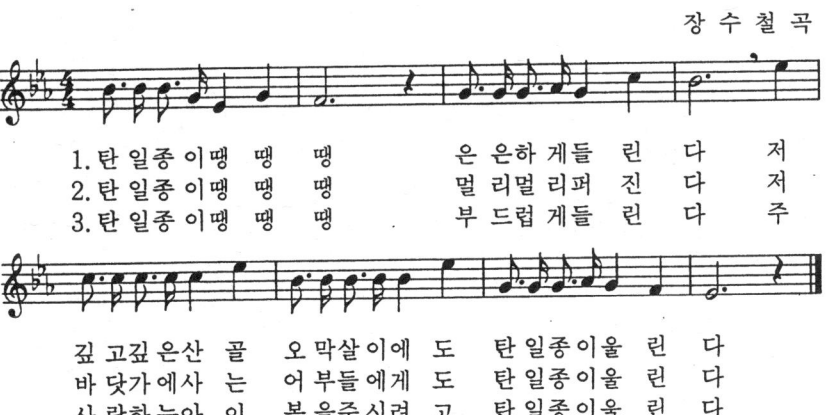

1. 탄일종이땡 땡 땡   은은하게들 린 다   저
2. 탄일종이땡 땡 땡   멀리멀리퍼 진 다   저
3. 탄일종이땡 땡 땡   부드럽게들 린 다   주

깊고깊은산 골   오막살이에 도   탄일종이울 린 다
바닷가에사 는   어부들에게 도   탄일종이울 린 다
사랑하는아 이   복을주시려 고   탄일종이울 린 다

— 탄일종 —

○ 대 상 : 유치부 ○ 인 원 : 8명 혹은 4명

번호	가 사	도 해	해 설
1	[1절] 탄일종이 땡땡땡 은은하게 들린다 (15호간)		네 명이 마주서서 두명은 아취형을 만들고, 남은 두 명은 아취형 안으로 회전한 다음 다른 사람이 반복한다.
2	저 깊고 깊은 산골 오막살이에도 (9호간)		네명이 함께 오른손 잡고 왼쪽으로 회전하고, 다시 왼손잡고 오른쪽으로 회전한다.
3	탄일종이 울린다 (8호간)		모두 어깨동무를 하고 좌우로 흔든다.
1	[2절] 탄일종이 땡땡땡 멀리멀리 퍼진다 (15호간)		어깨동무를 풀면서 Skipping step을 하면서 나란히 서서 손을 잡는다.
2	저 바닷가에 사는 어부들에게도 (9호간)		함께 손을 잡은 그대로 노를 젓는 모습한다.
3	탄일종이 울린다 (8호간)		앞사람은 두손 위로 올려 반짝이고, 뒤에 두 사람은 어깨를 짚고 마지막 한 사람은 한 손은 어깨 위에 한 손은 높이 들어 흔든다. (혹은 모두 한 손은 어깨 위에 얹고 한 손은 흔들어 보인다.)
1	[3절] 탄일종이 땡땡땡 부드럽게 들린다 (15호간)		그림과 같이 아이들이 양팔 벌려 반짝이고 다시 바꾸어 반복한다.
2	주사랑하는 아이 복을 주시려고 (9호간)		둘씩 짝을 지어서 손목을 잡아 꽃가마를 만들어 주저 앉았다 일어난다.
3	탄일종이 울린다 (8호간)		1번을 반복한다.

2. 기쁘다 구주 오셨네

Handel

― 기쁘다 구주 오셨네 ―

번호	가 사	도 해	해 설
1	[1절] 기쁘다 구주 오셨다. (7½호간)		오른손, 왼손에 기를 들고 힘있게 V자로 펼쳐 올린 다음 흔든다.
2	만백성 맞으라 (6호간)		깃발을 위에서 아래로 내린 후 위로 올렸다가 앞으로 내려 나란히 세운다.
3	온 교회여 다 일어나 (8호간)		나란히 세운 모습을 양 옆으로 흔들어 펼쳤다가 다시 안으로 모은다.
4	주 찬양 하여라 주 찬양 하여라 (8호간)		두 팔 위로 올려 좌우로 신나게 흔든다.
5	주 찬양 찬양 하여라 (8½호간)		몸을 흔들며 동시에 기를 앞으로 흔들어 주저 앉다가 일어난다.
1	[2절] 구세주 탄생했으니 (7½호간)		오른팔은 옆으로 벌리고, 왼팔은 가슴에 대어 번갈아 바꾼다(4번) 왼쪽을 향해 90° 방향을 바꾼다.
2	다 찬양하여라 (6호간)		두 팔을 위로 기를 흔들며 올렸 다가 아래로 내린다.
3	천지만물 한 소리로 다 화답하여라 다 화답하여라 (16호간)		1~2번을 동일한 다음 두 팔 위로 올려 힘있게 흔든다.
4	다 화답 화답하여라 (8½호간)		두 팔 위로 올려 기쁘게 주위를 신나게 1회전 한다.

번호	가 사	도 해	해 설
1	[3절] 큰 은혜로 온 세상을 (7½호간)		양 팔을 벌리는데 오른손 먼저 옆으로 벌린 후 다시 왼손 반복하여 벌린 후 안으로 모은다.
2	주 다시리시니 (6호간)		둥글게 위로 올렸다가 다시 둥글게 아래로 내린다.
3	만국 백성 구주 앞에 (8호간)		두 팔 오른쪽 향하여 두 손 빙빙 감은 후, 두 손 위로 올린 다음 왼쪽 반복한다.
4	다 경배하여라 다 경배하여라 (8호간)		앞으로 기를 흔들며 나갔다가 위로 들고 흔들며 제자리로 돌아간다.
5	다 경배 경배하여라 (8½호간)		두 팔 위로 올려 엇갈려가며 기를 흔든다.
후렴	(16호간)		두팔 들고 좌우로 4보씩 움직인 후 가슴에 기를 꺾어대고 한바퀴 돌고 두손 높이 쳐든다.

○ 준비물 : 만국기(2개)

3. 축하합니다

한 치 호 작사
김 두 완 작곡

1. 축하합니다   축하합니다   성탄절이울리는   크리스마스
2. 축하합니다   축하합니다   만왕에왕오-신   크리스마스
3. 축하합니다   축하합니다   흰-눈이나리는   크리스마스

은은한종소 리 멀리퍼지는   오-늘은참기쁜날 노래하는아이들
캄캄한밤하 늘 큰별빛나자   별을보던동방박사 귀한예물가지고
기다리던메시아 오-셔-서   세상나라모든사람 구세주를기뻐해

서 로 서 로 - 인사하 며   예 수님 나 심 찬양하 네
귀 한 예 물 - 가지고 서   예 수님에 게 경배했 네
할 렐 루 야 - 주께영 광   주 하나님 게 드리우 네

― 축하합니다 ―

번호	호간	가사	동작	해설
1	8호간	축하합니다 축하합니다		오른손을 들어 인사하듯 흔들고 다시 왼손 들어 흔든다.
2	8호간	성탄종이 울리는 크리스마스		오른쪽에서 2회 반짝이고 2회 손뼉치고 다시 왼쪽 반복한다.
3	4호간	은은한 종소리		귓가에 손대고 듣는 모습한다.
4	4호간	멀리 퍼지는		둥글게 반짝이며 아래로 내린다.
5	2호간	오늘은		허리에 손을 얹고 고개깃 한다.
6	2호간	참 기쁜 날		손뼉 2회
7	4호간	노래하는 아이들		두 손 모아 쥐고 노래 부르는 모습 한다
8	4호간	서로서로		둘씩 손을 잡는다.

9	4호간	인사하며		공손히 인사한다.
10	4호간	예수님 나심		두 손 위로 들어 올린다.
11	4호간	찬양했네		올려진 두 팔을 좌우로 흔든다.
2절 12	8호간	축하합니다 축하합니다		1절과 1번과 동일
13	2호간	만왕의 왕		엄지와 엄지를 앞으로 내놓는다.
14	2호간	오신		공손히 인사한다.
15	4호간	크리스마스		손뼉 1회 하고 손 흔들고 다시 손뼉 1회 하고 손 흔든다.
16	4호간	캄캄한 밤 하늘		두눈을 가려서 캄캄한 밤을 나타낸다.
17	4호간	큰 별 빛나자		두 손 반짝여 위로 올린다.

18	4호간	별을 보던 동방박사		두 눈을 크게 뜨고 손으로 망원경을 만들어 보는 모습 한다.
19	4호간	귀한 예물 가지고		귀한 모습으로 두 손 모았다가 옆에 끼고 가는 모습한다.
20	8호간	귀한 예물 가지고서		8번과 동일
21	4호간	예수님에게		두 손 들어 하늘을 가리킨다.
22	4호간	경배 했네		두 손 내리며 공손히 인사한다.
23	8호간	축하합니다 축하합니다		1번과 동일
24	4호간	흰 눈이 나리는		두 손 위에서 아래로 반짝이며 내린다.
25	4호간	크리스마스		2절과 4번과 동일
26	4호간	기다리던 메시아		턱밑에 두 손 괴고 누구를 기다리는 모습한다.

27	4호간	오셔서		공손히 인사 한다.
28	4호간	세상나라 모든 사람		오른손을 둥글게 저은 후 다시 왼손 반복 한다.
29	2호간	구세주를		양팔 벌려 +를 만든다.
30	2호간	기뻐해		손뼉 2회 한다.
31	8호간	할렐루야 주께 영광		두 손 위로 반짝여 올려서 위에서 반짝인다.
32	8호간	주 하나님께 드리우리네		양팔 올려 하늘을 본 후 좌우로 약간 흔든다.

4. 창밖을 보라

팀미·밋첼작곡

— 창밖을 보라 —

번호	가 사	도 해	해 설
1	[1절] 창밖을 보라 창밖을 보라 흰눈이 내린다 (16호간)		오른쪽 다리를 쭉뻗고 왼쪽 발을 구부려 주저 앉은 후 오른쪽다리 위에 손을 얹고, 고개를 숙인 후 오른손을 허리 펴며 밖으로 펼쳤다가 다리위에 손을 얹고 왼손도 반복한다.
2	창밖을 보라 창밖을 보라 (8호간)		양팔 동시에 옆으로 벌렸다가 안으로 모은다.
3	한겨울이 왔다 (8호간)		가슴에 ×로 손을 얹고 손을 반짝인다.
4	썰매를 타는 어린애들은 해가는 줄도 모르고 (16호간)		두손 둥글게 올리며 발 뒷꿈치를 들고 오른쪽으로 1회전 한다.
5	눈길 위에다 썰매를 깔고 즐겁게 달린다 (16호간)		오른쪽으로 발꿈치 들고 두손 동시에 말아서 오른쪽 위로 비껴 올린 후 다시 왼쪽으로 반복한다 (4번)
6	긴긴해가 다가고 어둠이 오면 (16호간)		양손을 엉덩이에 짧게 펼치고 주위를 돌면서 원을 만든다.
7	오색빛이 찬란한 거리 거리에 성탄빛 (16호간)		위로 두손 올려 반짝인 후 허리 뒤로 반짝인다.
8	추운 겨울이 다가기 전에 마음껏 즐기자 (16호간)		무릎을 세워 꿇고, 손을 안으로 모았다가 한손씩 번갈아 올렸다 내렸다 2번씩 한다.

번호	가 사	도 해	해 설
9	밝고 흰눈이 새봄빛 속에 사라지기 전에 (16호간)		모두 엎드려 오른발을 높이 쳐든다.
1	[2절] 창밖을 보라 창밖을 보라 흰눈이 내린다 (16호간)		가슴에 X로 손을 얹고 반짝인후 둥글게 활짝 펼친다음 양팔 비껴 반짝이며 주위를 돈다.
2	창밖을 보라 창밖을 보라 한겨울이 왔다. (16호간)		1번과 동일
3	썰매를 타는 어 린애들은 해가는 줄도 모르고 (16호간)		1절 4번과 동일
4	눈길 위에다 썰매를 깔고 신나게 달린다 (16호간)		1절 5번과 동일
5	긴긴해가 다가고 어둠이 오면 (16호간)		둥글게 손을 안으로 모은다.
6	오색빛이 찬란한 거리 거리에 성 탄빛 (16호간)		무릎꿇고 아래에서 반짝이다가 위로 올려 반짝인다.(2번 반복)
7	추운 겨울이 다가기 전에 마음껏 즐기자 (16호간)		온몸을 나르듯이 뛰며 주위를 돌아 다닌다.
8	맑고 흰눈이 새봄빛 속에 사라지기 전에 (16호간)		두손위로 올려 좌우로 흔든 다음 아래로 내려서 양 옆으로 펼친다
9	맑고 흰눈이 새봄빛 속에 사라지기 전에 (16호간)		두손 둥글게 하여 주위를 돈 후 양팔 벌려 위를 바라본다.

― 창 밖을 보라 ―

리본체조

준비물 : 리본

번호	호간	가 사	동작표현	해 설
1	8	창밖을 보라 창밖을 보라		리본을 크고 넓게 앞뒤를 향해 원을 만든다(4번)
2	8	흰눈이 내린다.		아래로 리본을 돌려서 눈이 쌓인 모습한다.
3	16	창밖을 보라 창밖을 보라 한겨울이 왔다.		1~2와 동일
4	16	썰매를 타는 어린이들은 해가는 줄도 모르고		오른쪽으로 4보 움직인후 리본을 넓게 펼쳐 돌린다음 제자리로 다시 돌아와서 반복한다.
5	16	눈길 위에다 썰매를 타고 신나게 달린다.		번갈아 앵금질 하면서 리본을 작게 크게 계속 돌린다.
6	16	긴긴해가 다 가고 어둠이 오면		왼손 뒷짐지고 주위를 돌면서 리본을 하늘을 향해 짧게 뿌린다.
7	16	오색빛이 찬란한 거리거리에 성탄절		Skipping step하면서 넓게 주위를 리본돌리며 뛰어 다닌다.
8	16	추운 겨울이 다가기전에 마음껏 즐기자		아래에서 2번 돌리고 공중에서 2번 돌리며 즐거워 한다.

9	16	맑고 흰눈이 새봄빛 속에 사라지기 전에		넓게 둥글게 위로 4번 돌린 후 아래에서 2번 귀엽게 돌린다.
10	16	맑고 흰눈이 새봄빛 속에 사라지기 전에		9번 반복한다.

5. 오! 크리스마스·트리

독일민요

보통빠르기로

1. 소나무여 소나무여 언제나푸르고나
2. 소나무여 소나무여 기쁨을가져오네
3. 소나무여 소나무여 튼튼히서있구나

사시사철 너의잎은 변치않고 푸르고나
성탄절엔 너의생각 기쁜추억 떠오르네
주믿은맘 변차않고 항상충성 다하라고

소 나무여 소 나무여 언 제나푸 르 고 나
소 나무여 소 나무여 기 쁨네가 져 오 네
소 나무여 소 나무여 튼 튼히서 있 구 나

— 오 크리스마스 트리 —

번호	가사	동작표현	해설
1	소나무여 소나무여		세 사람이 두 손을 비껴 올리고 나란히 서서 그 자리에서 시계 방향으로 빙빙 돈다.
2	언제나 푸르고나		반대로 다시 돌아온다.
3	사시사철 너의 잎은		셋이 손을 잡고 안으로 모였다가 흩어진다.
4	변치 않고 푸르고나		손을 함께 잡고 좌우로 흔든다.
5	소나무여 소나무여		모두 손을 높이 올려 위를 본다.
6	언제나 푸르고나		여자는 손을 들고 좌우로 흔들고 남자는 팔짱 끼고 여자 뒤를 돌아서 모두 오른손 잡고 왼손 돈다.

곡목 : 오 크리스마스 트리
인원 : 3명(남1, 여2) 자유로
의상 : 간편하면서도 예쁜 옷
　　　　 (몸에 붙은 바지와 T셔츠, 허리에는 긴 마후라로 묶는다)

6. 장식하세

박순양 역사
Traditional

힘있게

1. 아름답게 장식하세
2. 타고있는 저불보라 　화랄랄랄랄 랄랄랄라
3. 묵은해는 빨리가고

기쁜계절 돌아왔네
기쁜마음 노래하자 　화랄랄랄랄 랄랄랄라
눈과바람 불더라도

아름다운 옷을입고
즐거웁게 춤을추며 　화-랄 랄-랄 랄랄라
아이들아 소리쳐서

성탄노래 불려보세
귀한성탄 애기하세 　화랄랄랄랄 랄랄랄라
새해맞이 노래하자

— 장식하세 —

번호	가사	동작표현	해설
1	아름답게 장식하세		모두 나란히 어깨를 짚는 마음 신나게 움직인다.
2	랄랄랄랄 랄랄랄랄라		한 손을 어깨 위에 한 손은 신나게 흔든다.
3	기쁜 계절 돌아 왔네 랄랄랄라 랄랄랄라		1~은 반대로 움직인다.
4	아름다운 옷을 입고		어깨 동무하고 오른발 높이 들어 올렸다가 ㄱ자로 모은다(2번)
5	랄랄랄랄 랄랄랄랄		두 손 올려 흔든다.
6	성탄 노래 불러 보세		자유롭게 악기를 사용한다.
7	랄랄라		손뼉을 움직이며 신나게 친다

인원 : 자유롭게
의상 : 세계적으로 자유롭게
학년 : 누구나
대형 : 일렬 횡대

7. 산 위에 올라가서

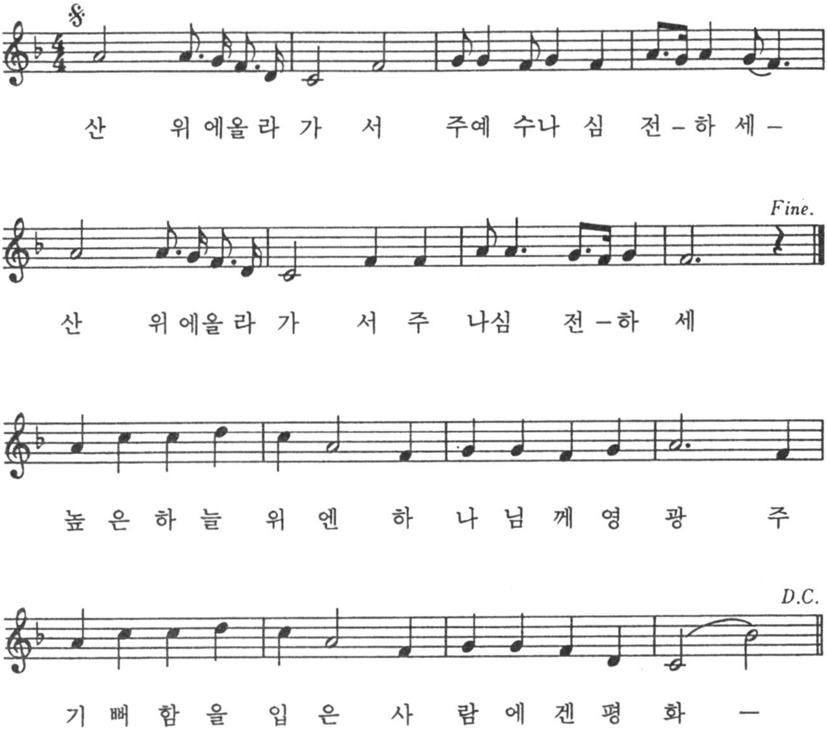
Fine.
D.C.
산 위에올라 가 서 주예 수나 심 전－하 세－
산 위에올라 가 서 주 나심 전－하 세
높 은 하 늘 위 엔 하 나 님 께 영 광 주
기 뻐 함 을 입 은 사 람 에 겐 평 화 －

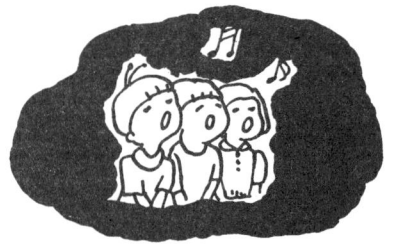

— 산 위에 올라가서 —

번호	가사	동작표현	해설
1	산 위에 올라가서		손뼉 2번 치고 양 팔, 양 발 동시에 벌린 다음 손뼉 2번 치고 두 손 높이든다.
2	주 예수 나심 전하세	(2번) (2번)	어깨 위에 손을 얹었다가 왼발을 들고 양 손 비껴 왼손으로 부딪히고 오른손은 위로 올리는 것을 2번씩하여 반대로 다시 반복한다.
3	산 위에 올라가서		1번과 동일
4	주 나심 전하세		활기차게 주위를 뛰며 돈다.
5	높은 하늘 위엔		두 손 위에서 엇갈리며 흔드는 동시에 자리를 이동한다.
6	하나님께 영광		가슴 앞에서 두 손 ×를 T의 세웠다가 양 손 펴서 양 옆에 세우는 것을 두번 반복한 후 양 손 앞, 뒤로 펴서 방향 바꾼다.
7	주 기뻐함을 입은 사람에겐 평화~		양 팔 벌려 안으로 둥글게 모으며 다시 펼치는 동시에 옆으로 2보 걸어간 후 양 팔 벌려 둥글게 돌며 제자리 온다.
8	산 위에 올라가서 주 예수 나심 전하세 산 위에 올라가서 주 나심 전하세		1~4와 동일

류형 : 체조 **의상** : 간편한 차림 **인원** : 제한 없음 **연령** : 제한 없음

8. 세상에 오신 예수님

－세상에 오신 예수님－

번호	호간	가　　　사	동작표현	해　　　설
1	4호간	우리 들은 따뜻한		두손 앞으로 내놓았다가 턱밑에 두팔 고이고 포근히 잠자는 모습한다
2	4호간	병원에서		손을 깍지끼되 직지를 세워 ×로 만들어 병원을 표시한다
3	8호간	평안하게 태어 났지만		두손 가슴에 ×로 얹었다 가 두손 활짝 펼친다
4	4호간	예수님은 차가운		몸을 두팔로 감싸고 추위에 떠는 모습한다
5	4호간	마굿간에서		두팔 나란히 하여 손을 잡고 말구유를 만든다
6	8호간	고생하며 태어 나셨죠		두손 ×로 묶었다가 뒤집으며 펼친다
7	8호간	우리의 죄를 씻기 위하여		두손 ×로 묶었다가 양옆으로 활짝 펼친다

번호	호간	가사	동작표현	해설
8	8호간	이세상에 오신 예수님		두손 위에서 아래로 구불거리며 내린다
9	4호간	예수님의		두손 모아 기도한다
10	4호간	겸손한 모습		두손 이마위에 얹고 큰절을 올리는 모습한다
11	8호간	배우면서 살아갈래요	 clap 3번	두손 펴서 책을 만들고 두손 빙빙 돌린후 손뼉 3번 친다

—큰별—

번호	호간	가사	동작표현	해설
1	4	별님들이		두손 올려 반짝인다
2	4	속삭이는		입가에 두손대고 속삭이는 모습한다
3	8	밤하늘에		두손 깍지끼어 머리위로 올린다
4	4	큰별이 나타나서		오른손 주먹쥐어 올려 활짝 펴며 반짝인다
5	4	알려주었네		2번과 동일
6	8	아기예수 나심을		두손모아 기도하다가 두손 앞으로 활짝 편다
7	8	고요하고 신비롭고		오른손으로 얼굴앞에서 조용히 오른쪽으로 펼치고 왼손 반복한다

번호	호간	가 사	동작표현	해 설
8	8	거룩한 밤에		두손 양옆에서 얼굴앞으로 모였다가 두눈 가리며 다시 양옆으로 펼친다
9	4	아기예수 탄생을		6번과 동일
10	4	축하하였네		오른손 들어 흔들어 보인다
11	4	축하하였		왼손들어 흔들어 보인다
12	4	네		손뼉 3번 친다
2절 1	4	거리에는		두손 펴서 거리를 만든다
2	4	종소리가		종줄을 당기며 종치는 모습한다

번호	호간	가 사	동작표현	해 설
3	8	울려오고		둥글게 반짝이며 소리가 퍼져나감을 나타낸다
4	4	사람들 모두 모여		양옆에서 두손 안으로 모은다
5	4	기뻐하였네		손뼉 3번친다
6	8	아기예수 나심을		1절, 6번과 동일
7	4	찬란한빛		1절, 6번과 동일
8	4	비추이네		두손 얼굴 앞에서 양옆으로 펼친다
9	8	축복된 날에		두손 위에서 아래로 향해 넓게 내린다 (축도)

번호	호간	가사	동작표현	해설
10	4	거리마다 성탄의		2절, 1번과 동일
11	4	노랫소리가		피리부는 모습 나팔부는 모습한다
12	8	메아리친다		두손 둥글게 아래에 그리고 다시 위로 올려 둥글게 한후 양옆으로 넓게 펼친다

10. 별 하나 반짝이며

장 사 경 작사
이 강 산 작곡

(성탄)

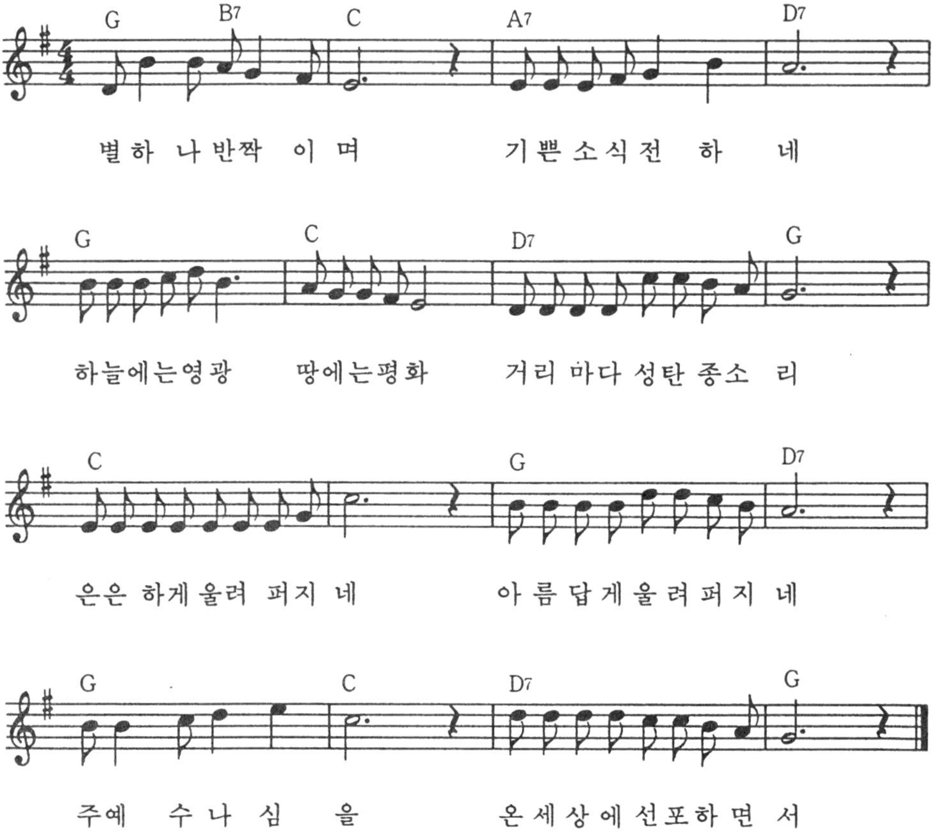

별하 나 반짝 이 며 기쁜 소식 전 하 네

하늘에는 영광 땅에는 평화 거리 마다 성탄 종소 리

은은 하게 울려 퍼지 네 아름 답게 울려 퍼지 네

주예 수 나 심 을 온세 상에 선포 하면 서

― 별 하나 반짝이며 ―

번호	호간	가사	동작표현	해설
1	8	별하나 반짝이며		오른손 주먹쥐어 위로 올리며 펼친후 반짝인다
2	8	기쁜소식 전하네		손뼉 2번치고 오른손 흔들고 손뼉 2번치고 왼손 흔든다
3	4	하늘에는 영광		두손 위로 올려 반짝인다
4	4	땅에는 평화		두손 내리며 가슴에서 주먹쥐고 엄지 펴서 번갈아 올렸다 내렸다 한다 (수화로 평화 기쁨)
5	8	거리마다 성탄종소리		양옆으로 넓게 펼쳐서 위로 반짝이며 올려 △를 만든다
6	8	은은하게 울려 퍼지네		귓가에 손대고 듣는 모습한다
7	8	아름답게 울려 퍼지네		둥글게 반짝이며 내린다

번호	호간	가사	동작표현	해설
8	8	주예수 나심을		두손모아 기도하다가 3단계로 올려 위로 올린다
9	8	온세상에 선포하면서		위에서 아래로 둥글게 엇갈리며 다시 위로 올려 둥글게 모은후 양옆으로 둥글게 활짝 펼친다

― 눈 송이에 적힌 글씨 ―

번호	호간	가　　　　사	동작표현	해　　　　설
1	7	아름다운 눈송이		두손 반짝이며 둥글게 눈오는 모습한다
2	9	바람타고 내려옵니다		오른쪽에서 왼쪽으로 둥글게 바람불어 날리는 모습한다
3	8	눈송이에 적힌 글씨		두손 예쁘게 포개었다가 양옆에서 엇갈리며 손을 펼친다 (눈송이 벌어지는 모습을 아름답게 표현)
4	7	살짝 열어 봤더니		두손 포개었다가 살짝 펼친다
5	9	아기예수 탄생하신		왼손으로 오른손 뺨을 쓰다듬고 두손 예쁘게 굴린후 두손 위를 향해 올린다
6	7	즐겁고도 기쁜날		덩실거리며 춤추는 모습한다
7	9	우리모두 경배하며		모두함께 손을 잡는다

224

번호	호간	가 사	동작표현	해 설
8	8	절하자고		이마에 손을 얹고 큰절을 올린다

12. 개구장이 성탄

장사경 작사
이강산 작곡

— 개구장이 성탄 —

번호	호간	가사	동작표현	해설
1	4	개구장이		머리를 긁적거린다
2	4	우리에게		가슴에 X로 두손 얹는다
3	8	오신 예수님		정중히 인사하며 맞이한다
4	4	반짝반짝		두손 위로 올려 반짝인다
5	4	별님들도		올린 그대로 주먹 쥐었다 활짝펴며 별을 만든다
6	8	기뻐하였죠		손뼉 2번치고 얼굴앞에 활짝 펴 세우는 것을 2번 반복한다
7	8	사이좋게 친구들과		모두 어깨동무를 하고 몸을 흔든다

번호	호간	가사	동작표현	해설
8	8	축하드려요		양손을 들어 흔들어 보인다
9	4	아기예수		두손모아 기도한다
10	4	태어나신		앞으로 두손 내민다
11	8	즐거운 밤을		손바닥을 밖으로 하여 얼굴을 가리며 손가락 움직이며 아래로 내린다
2절 1	4	정성모아		두손모아 기도한다
2	4	거룩한밤		두손 포개어 잠자는 모습한다 (엄숙, 조용)
3	8	노래불러요		나팔부는 모습한다

번호	호간	가 사	동작표현	해 설
4	4	우리위해		1절 2번과 동일
5	4	내려오신		두손 위에서 아래로 자연스럽게 내린다
6	8	아기예수께		두손모아 기도한다

13. 루돌프 사슴코

죠니마크스작곡

— 루돌프 사슴코 —

번호	호간	가　　사	동작표현	해　　설
1	16	루돌프 사슴코는 매우 반짝이는 코		양손으로 코를 잡고 two step 하며 좌우로 올렸다 내렸다 하며 움직인 다음, 손으로 땅을 튀기어 왼손으로 받고 오른손 옆으로 펼치는 것을 2번 반복
2	16	만일 내가 봤다면 불붙는다 했겠지		1번과 반복
3	16	다른 모든 사슴들 놀려대며 웃었네		친구와 마주보며 공을 엇갈려 번갈아 던진다. 2번 한다.
4	16	가엾은 저 루돌프 외톨이가 되었네		공을 위로 올렸다가 두 손으로 받는다.(2번)
5	16	안개낀 성탄절날 싼타말하길		공을 땅에 7번 튀기고 주위를 1회전하고 공을 받으며 다시 반복한다.
6	16	루돌프 코가 밝으니 썰매를 끌어주렴		공을 튀기며 앞으로 전진 했다가 다시 뒤로 돌아온다.
7	32	그 후로 사슴들이 그를 매우 사랑했네 루돌프 사슴코는 길이길이 기억 되리		1~2와 동일

14. 징글벨

J. Pierpont

흰 눈 사이 로 썰매를 타고

달리는 기분 상쾌도 하다 —

종이 울려서 장단 맞추니

흥겨워서 소리 높여 노래 부른다

종소리 울려라 종소리 울려

우리 썰매 빨리 달려 종소리 울려라

종소리 울려라 종소리 울려

우리 썰매 빨리 달려 빨리 달리자

— 흰 눈사이로(징글벨) —

번호	호간	가 사	동작표현	해 설
1	(8호간)	흰눈 사이로 썰매를 타고		둘이 마주보고 양손잡고 한쪽 방향을 향해 남자는 왼발 여자는 오른발 로 Heel Toe를 2번 하고 Two step을 4호간 한다.
2	(8호간)	달리는 기분 상쾌도 하다		1번을 방향 바꾸어 반복한다.
3	(8호간)	종이 울려서 장단 맞추니		둘씩 마주 보며 무릎 2번 손뼉 두번치고 둘이 오른손 두번 마주치고 왼손 두번 마주친다.
4	(8호간)	흥겨워서 소리높여 노래 부른다		둘이 마주 손을 잡고 자전거 타는 모습으로 앞으로 갔다 뒤로 갔다 이동한다.
5	(16호간)	종소리 울려라 종소리 울려 우리 썰매 빨리 달려 종소리 울려라		둘씩 팔을 끼고(오른팔) 왼손 들고 CW방향으로 Skipping step한 다음 다시 CCW방향으로 회전한다.
6	(16호간)	종소리 울려라 종소리 울려 우리 썰매 멀리 달려 빨리 달리자		3~4와 동일
		* 파트너를 바꾸어가며 흥겹게 춤을 출 수 있다.		

대형 : Double Circle

15. 주님의 선물

Moderato

Lois Solie Johnosn 작곡

반짝이는불　　찬란하도다　　울긋불긋 고운장식 크리스 마스 트 리
평화누리세　　기쁨누리세　　아기예수주신선물　누　리　세

하늘가득찬　　찬미 소리는　　주를찬양하는천사　의　소　리
영광버리고　　왜오셨을까　　너와나를구원하려　오　셨　지

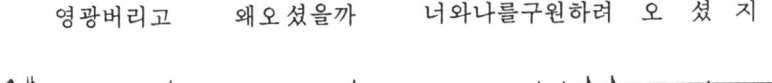

종이울리네　　크게울리네　　기쁜소식온누리에　전　하　라
주님오셨네　　주님오셨네　　너와나를구원하려　오　셨　네

기쁨과평화　　행복과승 리　　우리에게주신주님　의 선 물　　—

— 주님의 선물 —

번호	호간	가　　　사	동작표현	해　　　설
1	12	반짝이는 불 찬란하다도 울긋 불긋 고운장식		둘이 마주 손을 잡고 자전거 타듯이 앞뒤로 움직인후(4호간씩) 다시 앞으로 4호간 이동한다.
2	4	크리스마스트리		손잡고 오른 발로 Heel Toe 찍고 Jump step한다.
3	16	하늘 가득찬 찬미소리는 주를 찬양하는 천사의 소리		1~2를 반복한다.
4	8	종이 울리네 크게 울리네		둘이 마주보며 어깨 흔들며 CW하여 손뼉 1회치고 CCW하여 손뼉 1회친다.
5	8	기쁜소식 온누리에 전하라		둘이 오른손 마주잡고 안으로 1보전진 하고 다시 1보 뒤로 후퇴한 후 손들고 여자를 회전하여 파트너를 바꾼다.
6	8	기쁨과 평화 행복과 승리		둘이 마주 손을 잡은 그대로 2보 옆으로 이동하는 동시에 함께 손 안으로 몸을 회전하여 다시 제자리로 반복한다.
7	8	우리에게 주신 주님의 선물		남자 오른손 여자 왼손 잡고 LOD 방향으로 2보 전진하면서 손 안으로 오른손으로 바꾸어 잡고 반복한다.
		※ 함께 하는 기쁨을 알 수 있다. 호흡이 잘 맞아야 하며 여러 친구를 사귈 수 있는 기회가 주어지므로 바람직한 춤이다.		

대형 : Double Circle

― 저들 밖에 한 밤 중에 ―

번호	가사	동작표현	해설
1	1절 저들 밖에		양 손에 초를 들고 가슴 앞에서 양 옆으로 넓게 펼친다.
2	한 밤 중에		점점 위로 올려 하늘을 바라본다.
3	양틈에 자던 목자들		두 손 위에서 함께 모아 조심스럽게 가슴 앞으로 내린다.
4	한 천사가		가슴 앞에서 오른손은 위로 서서히 올린다.
5	전하여 준		왼손은 넓게 옆으로 펼치며 왼쪽으로 보낸다.
6	주 나신 소식 들었네		오른손, 왼손 가슴 앞으로 천천히 모은다.
7	노엘 노엘 노엘 노엘	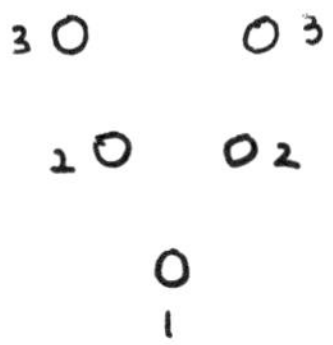 3○　　○3 2○　　○2 ○ 1	1번이 앞으로 걸어 나간 후 3번은 1번 앞, 뒤로 선 후 2번은 3번 앞, 뒤로 선다. 모형이 그림과 같이 나란히 서는데 서서히 움직이는 모습을 보여 준다.

8	주 나신 소식 들었네	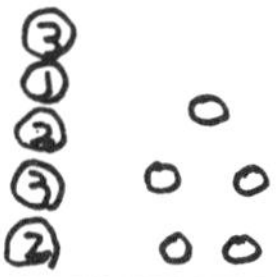 ③①④⑤② ○○○○	동그랗게 원을 그리며 두 손 앞으로 위로 모두 올린다.
1	**2절** 저 동방에 별 하나가	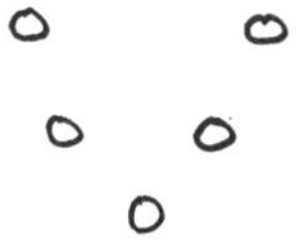 ○　　○ ○　○ ○	노래를 부르며 10호간 안에 원래의 모습으로 제자리에 선다.
2	이상한 빛을 발하여		초를 들고 번갈아 가슴 앞에서 앞, 뒤로 움직인다.
3	이 땅 위에 큰 영광이		양 손을 오른쪽으로 향하여 위로 동시에 올린 후 다시 서서히 내린다.
4	나타날 징조 보이네		3, 4번을 반대로 한다.
5	후렴		7번과 동일

곡목 : 저들 밖에 한 밤 중에
인원 : 5명(학년은 제한 없음)
대형 : V자형
준비 : 초 2개
의상 : 드레스형 원피스

촛불 무용(II) 그 맑고 환한 밤중에

R. S. Willis

― 그 맑고 환한 밤 중에 ―

번호	가사	동작표현	해설
1	**1절** 그 맑고 환한 밤 중에		십자가 모양으로 미리 무릎 꿇고 앉았다가 노래와 함께 순서대로 초를 점점 올리며 일어선다(5번은 빼고).
2	천사들 내려와		5번은 일어서고 나머지는 점점 앉는다.
3	그 손에 비파 들고서 다 찬송하기를		여자들은 앉아서 손에 초를 머리 위에서 예쁘게 흔들고 남자는 초를 들고 양 옆 위로 친구들 주위를 돌고 다시 제자리에 선다.
4	평강의 왕이 오시니 다 평안 하여라		남자는 제자리에서 무릎 꿇고 앉고 여자들은 넓게 천천히 펼치며 둥글게 하여 초를 앞으로 모은다.
5	그 소란하던 세상이 다 고요하도다		남자가 일어나며 두 손 위로 높이 들며 여자들은 초든 손을 앞으로 당겨 위로 올리며 제자리에서 한바퀴 돈다.
1	**2절** 뭇천사 날개 펴고서 이 땅에 내려와		모두 둥글게 서서 초를 양 옆으로 펼쳐서 둥글게 돌아 간다.
2	그때에 하던 노래를 또 다시 부른다		반대로 다시 돌아 간다.

3	이 슬픔 많은 세상에 큰 위로 주시고		마주 안을 향해 서서 초를 안으로 향하며 점점 위로 올린다.
4	온 세상 기뻐 뛰놀며 다 찬송 하도다		다시 십자가를 만들며 3번은 무릎 꿇고, 2번은 무릎 세우고, 4번, 5번은 일어서고 1번은 초를 높이 쳐든다.

인원: 6명(학년은 자유롭게)
초: 양 손 1×2 = 2개(예쁘고 화려한 유리컵 속에 장식)
곡: 그 맑고 환한 밤 중에
옷: 흰 한복(한 사람은 남자)
대열: 십자가형
○ = 여자   □ = 남자

23. 성탄절 레크레이션

나하나

　성탄절, 크리스마스, X-mas, 예수탄일 등 여러가지로 불려지는 날이다.
　이날은 세계의 축제일이라 불교국에서도 이 날만은 축제일임에는 틀림없다.
　그러나 왜 세계의 축제일인지를 정확히 아는 사람보다는 전례적인 행사로 습관적으로 자연스럽게 축제 속에 익숙해져 가고 있다.
　우리는 이 행사를 바로 알고 바로 가르치며 축제의 의미를 알고 축하하는 것이 바람직하다.
　우리나라 속담에 밤새도록 울고 누가 죽었느냐고 묻는 것과 같은 행사가 너무 많은 것을 알 수 있다. 또한 주인공 없는 생일잔치가 성행하고 있는 것에 우리는 많이 익숙해져 있다. 그러므로 이제부터라도 바른 행사, 진정으로 축하하는 축제일을 가져 보도록 하자.

1. 삼행시 만들기

주제 : 성탄절, 크리스마스, 예수탄일, 축성탄의 제목으로 시를 지어보자.
　잠시나마 여유를 가질 수 있고 생각하는 시간을 누릴 수 있으리라 믿는다.

2. 가족찾기

목적 : 가족의 중요성과 화합을 위함이다.

방법 : 1. 각기 흩어져 있는 가족을 한 곳으로 모으는 것이다.
2. 어느가족이 가장 짧은 시간내에 한 자리에 모일 수 있는지 또한 가장 많은 인원의 가정은 어느 가정인지 알 수 있다.
3. 소외되고 상처받는 가정도 있겠으나 리더자에 따라서 가정전도를 생각하는 계기도 마련할 수 있다.

3. 부부찾기

목적 : 부부가 함께 나오는 가정과 한쪽만 나오는 가정도 있으므로 부부는 항상 함께 하여야 아름답다는 것을 알게하며 마음과 뜻을 같이 할 수 있는 시간을 부여해 준다.
방법 : 1. 부부끼리 모이기
2. 가장 화목해 보이는 부부
3. 가장 오래 출석한 부부.
4. 부부의 자랑
5. 자녀에게 본이 될 수 있다.

4. 가족 장기자랑

목적 : 협력하여 선을 이루자는데 있다.
방법 : 1. 가장 화목해 보이는 가정의 모습을 찾는다.
2. 받은 달란트 활용을 발휘토록 한다.
3. 많은 가족수와 세대가 함께 모인 가족
4. 가족의 전도 방법 설명하기
5. 믿는 방법과 생각 차이

5. 캐롤송이어부르기

목적 : 구룹을 나누어 화합의 자리를 노래로 이어준다.

방법 : 1. 전교인을 몇 팀으로 나눈다.
　　　2. 각 팀 리더를 택한다.
　　　3. 리더자가 지시하는 쪽에서 캐롤송을 시작한다.
　　　4. 중도에 다른 곳으로 옮겨가면 그 다음 가사를 이어부른다.
　　　5. 노래가 끝나면 새로운 노래를 다시 시작한다.

6. 노래 찾기

목적 : 재치와 기억력을 활용한다.
목적 : 1. 많은 노래를 기억토록 한다.
　　　2. 함께 하는 시간을 갖게한다.
　　　3. 의견 일치를 모은다.
　　　4. 주어진 내용의 노래를 찾도록 한다.
　　　예) 눈, 싼타할아버지, 별 …

눈 : 펄펄 눈이옵니다. 함박눈이 내리는…

7. 성탄츄리 꾸미기

목적 : 성탄목은 나무 뿐아니라 어디에든 꾸밀 수 있다는 생각을 만들어 준다.
방법 : 1. 온가족이 한팀이 된다.
　　　2. 각 조를 이루어 준다.
　　　3. 팀 중에 한 사람이 성탄목이 된다.
　　　4. 모든 팀인원이 성탄목으로 지정된 사람을 여러 재료를 모아 장식한다. 살아 있는 인간성탄나무가 될 수 있다.

8. 다함께 춤을

목적 : 찬양과 율동은 함께 하는 것으로 기쁨이 있고 슬픔이 있는 곳에 함께 할 수 있는 생명력이 있음을 알게 한다.
방법 : 1. 부르기 쉽고 단순한 노래와 춤을 온 교인 함께 해 본다.
   2. 소리내고 움직인다는 것은 감사의 표시이다.
   3. 호흡이 있는 자는 언제나 찬양하고 나타내어야 한다.

9. 넌센스 퀴즈

착각할 수 있고 웃을 수 있는 순발력을 요하는 퀴즈를 생각한다.
예) 아기를 구하는 여인이 읽는 성경은? (에베소서)
   이혼한 사람이 읽어야 할 성경은? (갈라디아서)
   성경은 몇권인가? (한권)
   우리교회 장노님은 몇분이신가? 백명(백장노님)
   하늘나라 가는 사람은 어느편에 선 사람일까? (하나님 편에)

24. 성탄 기도문(Ⅰ)

우리 하나님, 나의 하나님 감사합니다.
올해도 우리는 성탄절을 맞이했습니다.
TV와 라디오에서는 외치고 있습니다.
TV와 크리스마스를 가족과 함께 지냅시다.
크리스마스를 조용히 지냅시다.
허례허식으로 과다한 선물을 피합시다.
하나님 부끄럽습니다.
예수님 오심을 마음으로 축하하며
찬양으로 기뻐해야 하건만
우리의 생활이 잘못 전해져서 예수 나심을
마음껏 축하하기가 어렵게 되었습니다.
진정으로 예수님을 알고 축하하는 사람들보다
공휴일 혹은 마음껏 먹고 마셔도, 된다고 믿는 세계의 축제일로
잘못 인식되어진 사람들 때문에 성탄절이 주인 모르는
생일 잔치가 되었습니다.
이 모두가 우리 믿는 자들의 잘못임을 고백합니다.
방황하시는 예수님을 진정으로 모실 수 있는
예수 오심을 기뻐하며 맞이하는 성탄이게 하소서.
예수님의 이름으로 기도합니다.

아멘

성탄기도문(Ⅱ)

할렐루야 나의 하나님!
가난한 자를 위해 오신 예수님
소외된 자의 친구되신 예수님
눌린 자 갇힌 자를 위해 오신 예수님
병든 자를 고쳐주시기 위해 오신 예수님
주여 오시옵소서.
당신을 기다리고 있습니다.
당신을 기다린다는 핑계로
지금 내 곁에서 신음하는 사람을 모른척 하고
있지 않는지 깨닫게 하소서.
예수님께 바친다는 명목으로
굶주려 헐벗는 자를 못 본척 외면하고
있는지 받는 것에 익숙하여
주어야 되는 것을 모르고 있지나 않는지
마음을 살피게 하소서.
당신이 오시는 그 날을 기다리는 사람이기 보다
당신이 오시는 목적을 실현하는 자 이게 하소서.
당신을 모시는 행사보다는
당신과 함께 하는 생활이게 하소서.
이 기도가 들려주는 기도가 아니라
우리의 삶이게 하소서.
예수님의 이름으로 기도합니다.

25. 성탄 인사말

메리 크리스마스

축하합니다.

샬롬

주여 오시옵소서. 마라나타

기쁨이 함께 하소서.

내가 만난 예수님이
당신에게도 만남이 되기를…

하늘에는 영광
땅에는 평화

예수와 함께

마음의 평화를 누리소서.

오직 기쁨이기를 원합니다.

사랑합니다. 주님을…

구하옵소서. 우리를…

26. 함께 나누고 싶은 선물

1. 읽고 싶고 읽어야 하는 유익한 책 혹은 도서구매권

2. 추위를 잊게 하며 정성을 생각케하는
   털목도리, 장갑, 쉐타, 모자, 양말, 운동화

3. 몸에 지니며 기억을 되살리게 해주는
   벨트, 지갑, 손수건, 악세사리(목거리, 반지, 귀걸이, 머리핀)

4. 기쁨을 줄 수 있는
   화분, 꽃, 향수, 액자, 레코드 판, 테잎(비디오, 카세트)

5. 오래도록 간직하며 추억을 새기게 하는
   함께 찍은 사진 모음집, 함께 만든 작품집, 함께 나눈 글모음

6. 순간 선택을 좌우하게 하는
   극장표, 연극표, 여행 기차표, 고속버스표

7. 년간 계획을 세워주는
   여행적금통장(1회분만 가입해 준다), 새생활 적금통장(결혼, 생명) 선교비적금통장, 고호금납입영수증(상대이름으로 고호금을 접수한다)

8. 소중한 소유품 중에서 원하는 것을 교환할 수도 있다.
   물물교환, 몸에 지닌것 중 가장 아끼고 소중히 여기는 물건을 선물한다.

2. 몇 밤 남았나

하 나 둘 — 셋 — 넷 — 몇 밤 남 았 나

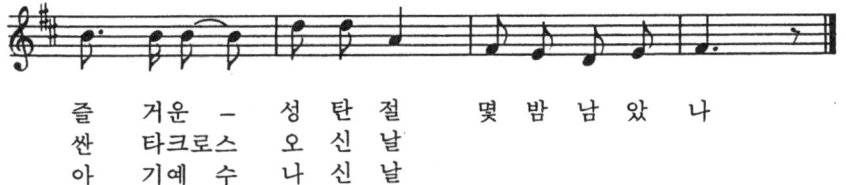

즐 거운 — 성 탄 절   몇 밤 남 았 나
싼 타크로스 오 신 날
아 기예 수 나 신 날

3. 우리들의 크리스마스

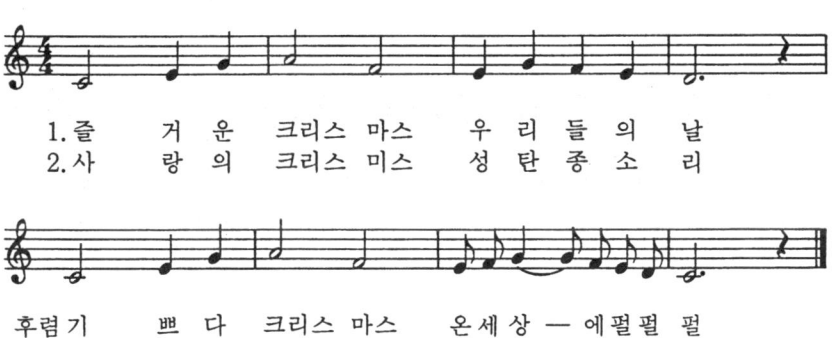

1. 즐 거 운 크리스 마스   우 리 들 의 날
2. 사 랑 의 크리스 미스   성 탄 종 소 리

후렴 기 쁘 다 크리스 마스   온 세 상 — 에펄펄 펄

4. 예수님처럼 살래요

5. 하얀 눈

이 강 산 작사
절기노래(성탄절에 부르고 싶은 노래)
이 강 산 작곡

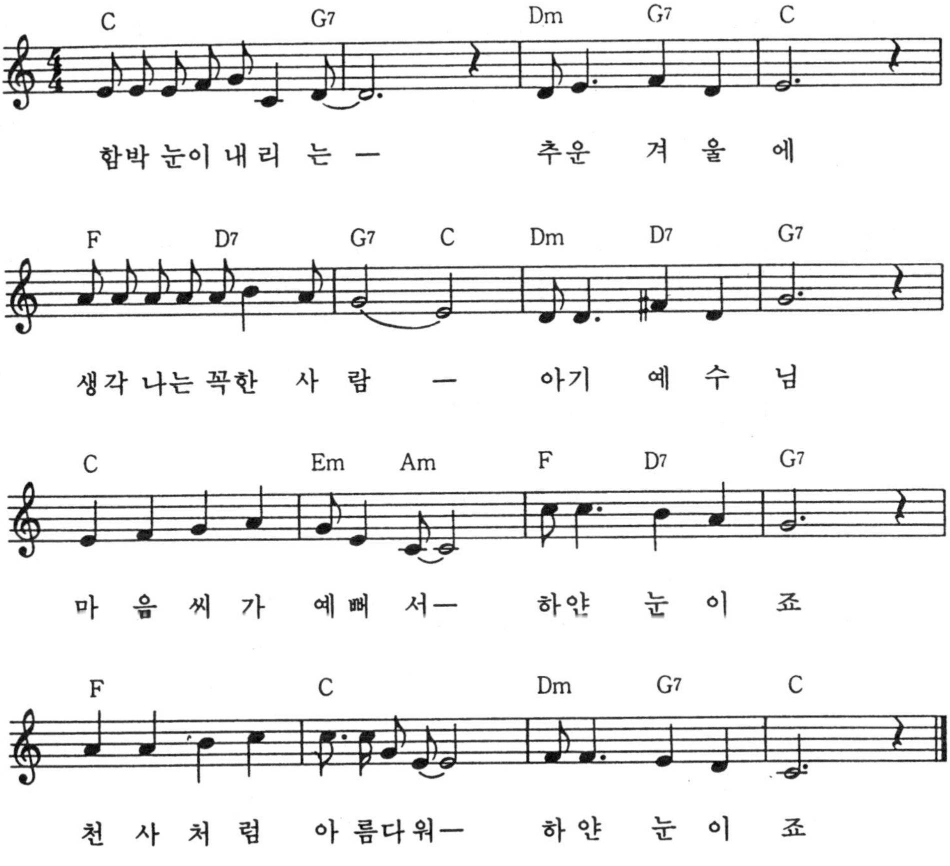

C G7 Dm G7 C
함박 눈이 내리 는 ㅡ 추운 겨 울 에
F D7 G7 C Dm D7 G7
생각 나는 꼭한 사 람 ㅡ 아기 예 수 님
C Em Am F D7 G7
마 음 씨 가 예 뻐 서ㅡ 하얀 눈 이 죠
F C Dm G7 C
천 사 처 럼 아 름다 워ㅡ 하 얀 눈 이 죠

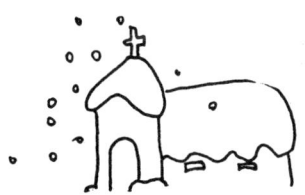

6. 가 라

7. 애들아 모두 모여라

이 강 산 작사
이 강 산 작곡

애들아 모두 모여라 예수님 앞으로

애들아 모두 모여라 예수님 앞으로

즐거웁게 찬양하고 간절하게 기도하면

능력있는 주님 말씀 뜨겁게 전해온대요

특별 성탄절 행사 자료집 １

발행일	2000년 10월 01일
4쇄	2015년 11월 23일
지은이	나하나
펴낸이	장사경
펴낸곳	Grace 은혜출판사 (Grace Publisher)

주소 서울특별시 종로구 종로65길 12-10
전화 (02) 744-4029   팩스 744-6578
출판등록 제 1-618호(1988. 1. 7)

ⓒ 2015 Grace Publisher, Printed in Korea
  ISBN 978-89-7917-966-8   04230
  ISBN 978-89-7917-965-1   04230 (세트)

이 출판물은 저작권법에 의해 보호를 받는 저작물이므로 무단 전재와 무단 복제를 할 수 없습니다.